나를
찾는
시간

나를 찾는 시간

나이 든다는 것은
생각만큼 슬프지 않다

유창선 지음

"나는 증오를 나누어 갖기 위해서 태어난 것이 아니에요.
나는 사랑을 나누어 갖기 위해서 태어났어요."

― 소포클레스의 비극 『안티고네』 가운데서

프롤로그

'나'를 찾으려는
사람들을 위해

    그동안 여러 권의 책을 냈다. 평생 시사평론가 일을 해왔기에 정치에 관한 책을 내기도 했고, 인문학 공부를 하면서 우리들의 삶에 대한 책을 내기도 했다. 이제는 나이도 들고 건강을 챙겨야 해서 세상으로부터 한발 뒤로 물러서서 살아가고 있다. 그러자 그동안 냈던 책들에 투영된 나의 모습이 눈에 들어오기 시작했다. 어쩌면 그렇게 끊임없이 무엇인가를, 그것도 앞 열에서 주장하고 있었을까. 정치든, 인생이든 언제나 나는 '이래야 한다, 저래야 한다'고 말하고 있었다. 이 책은 지난 시절 그러했던 내 모습에 대한 반성적 사유 위에서 출발하고 있다. 책을 쓰면서 스스로에게 다짐했다. 더 이상 무엇을 주장하지 말자.

정치에 관한 얘기야 그 속성상 불가피할 수도 있겠지만, 우리들의 인생이야 어디 그러하겠는가. 인생에는 정답지가 없다. 사람들의 숫자만큼이나 다양한 삶의 방식이 있을 뿐이다. 그런데 누가 누구에게 이렇게 살아야 한다. 저렇게 사는 것은 틀렸다고 감히 말할 수 있을까. 그래서 이 책에서는 더 이상 아무것도 주장하지 않으려 했다. 그저 담담히 내가 살아가는 소소한 얘기들만 기록하려 했다. 그럼에도 여전히 누군가를 계도하려는 흔적들이 발견된다면, 미처 다 털어내지 못한 저자의 탓 때문일 것이다.

책을 읽다 보면 아시겠지만, 몇 년 전에 겪었던 투병에 관한 얘기가 자주 나온다. 큰 병 치레를 했던 사람이 나 혼자도 아닌데 아팠다고 너무 요란을 떠는 것은 아닌가 조심스럽기도 했다. 하지만 그것이 지금의 나를 가장 정직하게 표현하는 방식이었다. 나의 삶은 수술 이전과 이후로 나뉜다.

3년 4개월 전 갑작스럽게 뇌종양이라는 진단을 받고 큰 수술을 하고 혼신의 힘을 다해 투병의 시간을 견뎠다. 그런데 그 뒤로 세상과 내 자신을 보는 시선이 크게 달라졌음을 느낀다. 수술 후유증으로 인해 평생 해온 방송 활동은 그만두게 되었다. 이곳 저곳 오가는 세상 일들로부터 거리를 두니 자연스럽게 동네 아저씨로 살아가게 되었다. 그런데 그런 생활이 가져다준 것은 세상과의 단절로 인한 고립감이 아니라, 자신을 향한 시선에서 생겨나는 마음의 평온함과 충만함이었다.

아직도 몸의 이곳저곳이 불편하다. 워낙 위험했던 수술인지라, 뇌 신경 손상으로 인한 소소한 후유증들이 몸의 구석 구석에 남아있다. 수술하고 8개월 동안 막혀 있던 식도가 열려 음식을 먹을 수 있게 되었지만 여전히 남들보다 힘들다. 마비되었던 혀도 거의 회복되기는 했지만 완전하지는 못해 평생 해왔던 방송 일은 은퇴한 상태이다. 수술 후 수없이 실신을 반복하게 만들었던 기립성 저혈압도 회복은 되었지만, 아직도 몸의 상태에 따라 혈압이 떨어질 때가 있어서 조심하면서 지내야 한다. 몸통 근육이 당겨오는 증상은 시간이 지나도 회복되지 않아, 걸을 때 저항을 견뎌야 하니 몸이 둔해지고 힘이 든다.

이런 몸으로 살아가는 것을 한 번도 상상해 본 적이 없었다. 아마 젊고 왕성했던 시절에 몸이 이렇게 불편했다면 무척 우울했을 것 같다. 그런데 희한한 것이, 몸은 이런데도 생애 어느 시절보다도 마음이 평안하고 고요하다. 이제까지 살면서 경험하지 못했던, 그 뜨거웠던 젊은 시절에도 겪어보지 못했던 삶의 충만함을 느끼며 하루하루를 살아가고 있다. 나이가 들어가니 더 이상 무엇에 집착하지 않도록 하는 지혜가 생겨나는 것 같다. 대신 그 빈자리에는 자신을 돌보는 새로운 삶에 대한 설렘이 자리하게 된다. 신체가 불편해졌는데 비로소 행복한 일상을 느끼며 사는 이 모순된 상황은 그렇게 설명될 수 있을 것 같다.

내가 지금 이 순간 느끼고 있는 삶의 희열이 있다면, 자기 외부의 누구에게 떠밀리지 않고, 오롯이 자기 자신이 원하는 삶을 살아간다는 사실이다. 프란츠 카프카를 좋아했다. 카프카는 미완성작 「성城」을 통해 자신을 받아들이지 않는 성 앞에서 절망하는 이방인 K의 모습을 그렸다. 단편작 「법 앞에서」는 법 안으로 들어가려다가 문지기의 제지에 위축되어 그 앞에서 몇 년을 기다리다 죽어간 시골 사람의 얘기를 담고 있다. 카프카가 그렸던 것은 거대한 힘 앞에서 무력할 수밖에 없는 개인의 절망들이었다. 하지만 나는 카프카를 읽으면서 무기력하게 절망하지 않고 자신의 길을 찾아 떠나는 삶을 그리곤 했다. 성으로의 입장을 거절당한 K도, 문지기의 허락만 기다리다가 죽어간 시골 사람도, 무작정 기다릴 일이 아니라 진작에 자기의 길을 갔어야 했다. 우리가 진정으로 외로운 것은 무리와 떨어져 혼자일 때가 아니라, 자기의 모습을 잃어버린 채 스스로와 이별했을 때였다.

그래서 이 책은 '나'를 찾고 싶은 이들을 위한 책이다. 그것이 언제든, 자신을 찾는 삶을 떠올리면서 펴볼 수 있는 책이 되기를 소망한다. 책이 세상으로 나와 독자들의 선택을 받을 수 있도록 만들어준 새빛 출판사 전익균 대표를 비롯한 여러분께 고마운 마음을 전한다. 독자들께서도 다들 건강하시면 좋겠다.

2022년 6월에
유창선

차례

프롤로그
'나'를 찾으려는 사람들을 위해   005

1부
나를 지키며 살아가기

희미한 옛사랑의 그림자   017
무리 짓는 시대의 외로운 자유   024
내가 정치를 하지 않은 이유   031
이가 없으면 잇몸으로, 인터넷 개인방송을 하다   037
나를 지키는 선택, 동네 독서실로 들어가다   044
신념을 과신 말라, 내가 틀렸을 수도 있다   051

2부
투병의 시간, 다시 태어난 삶

뇌종양 수술, 갑작스럽게 닥쳐온 인생의 폭풍	061
사랑하는 삶의 아름다운 힘	067
병상에서 책을 썼던 이유	073
인생 여행으로 남은 제주 한달 살기	081
동네 방역근로를 하고 받아 든 급여명세서	091
살기 위해 시작한 운동, 평생 친구가 되다	098

3부
인생에서 진정 소중한 것들

인생 버킷 리스트, 1순위는 무엇일까	109
부부라는 인연	116
천직을 생각하는 사람이 오래 간다	123
우리는 왜 자꾸 불안할까	129

내 생각대로 살아가기 137
목수는 연장을 탓하지 않는다 144

4부
나이 들어간다는 것

나이 든다는 것은 생각만큼 슬프지 않다 153
지금도 일하는 나, 감사한 마음으로 산다 158
돈, 나이 들수록 더 필요하다는 진실 165
고집스럽게 나이 들지 않기 174
죽음을 기억하는 삶 180
나를 돌보는 삶을 위해 188

5부
고즈넉한 삶의 시간

태풍이 지나가고 찾아온 고즈넉한 삶	199
좋은 길을 걷는 인생의 기쁨	205
카페에서 일하는 남자	212
혼자의 시간은 자기와 함께 있는 것	217
동네 아저씨로 살아가기	224
나를 사랑하는 삶	231

에필로그
내 삶에서 진정 소중한 것	237

1부

나를 지키며 살아가기

"고뇌를 수반하는 자유가 아니면
자유가 없는 행복이 있을 뿐이다."

— N. 베르자예프, 『도스토옙스키의 세계관』

희미한 옛사랑의
그림자

대학 시절, 김광규 시인의 '희미한 옛사랑의 그림자'라는 시를 무척 좋아했다. 4·19가 나던 해 세밑에 만난 우리는 '무엇인가를 위해서 살리라' 믿고 열띤 토론을 벌이고, 사랑과 아르바이트, 병역 문제와 같은 '때 묻지 않은 고민'을 했다. 그로부터 18년이 지나 중년이 되어 만난 사람들의 모습이 시에 담겨 있었다.

그로부터 18년 오랜만에
우리는 모두 오랜만에 무엇인가 되어
혁명이 두려운 기성세대가 되어

넥타이를 매고 다시 모였다
회비를 만 원씩 걷고
처자식들의 안부를 나누고
월급이 얼마인가 서로 물었다
치솟는 물가를 걱정하며
즐겁게 세상을 개탄하고
익숙하게 목소리를 낮추어
떠도는 이야기를 주고 받았다
모두가 살기 위해 살고 있었다
아무도 이젠 노래를 부르지 않았다
적잖은 술과 비싼 안주를 남긴 채
우리는 달라진 전화번호를 적고 헤어졌다

김광규, '희미한 옛사랑의 그림자' 가운데서

세월이 지나 더 이상 '무엇인가'를 위해 사는 것이 아니라, 소시민이 되어 살아가는 기성세대의 모습을 서글프게만 느꼈다. '설마 나도 저렇게 될까' 생각했었는데, 18년이 아니라 40년의 세월이 지난 내가 그렇게 되었다. 무엇인가를 위해 살리라던 마음을 내려놓은지도 이미 제법 되었다. 암흑 같았던 그 시절 '우국지사'였던 나는, 이제 나와 가족의 평화로운 삶을 무엇보다 소중히 여기는 지극히 평범한 인간으로 살아가고 있다. 김광규의 시에 등장했던 18년 후에 만난 중년들의 모습이 지금의 내 모습이라 누가 말해도, 굳이 아니라고 부인할 생각은 없다. 내가 변한 것일까, 세상이 변한 것일까. 아마 둘 다 일 것이다.

사람이 '변했다'는 말은 양가적 의미를 담고 있다. 어떤 때는 더 좋은 사람이 되기 위해 달라졌다는 긍정적 의미를 담는다. 하지만 어떤 때는 현실에 순응해서 살아가는 세속적 인간이 되었다는 부정적 의미의 표현일 경우도 많다. '무엇인가를 위해' 살고자 했던 사람이 변했다고 한다면, 후자의 시선을 받게 될 가능성이 크다. 하지만 그런 시선이 남은 인생에서 자신의 행복을 찾고자 하는 인간의 본성적 욕구를 억누를 수는 없다.

대학 새내기 시절의 기억으로 돌아가 보자. 이제는 아득히 먼 옛 시절의 얘기이다. 대학에 막 들어가 사회학개론 수업에 들어갔더니 교수님이 우리 신입생들에게 이런 말씀을 하셨다. "젊어서 마르크스주의에 빠지지 않으면 바보고, 나이 들어서도 마르크스주의자이면 바보다." 그 얘기를 들으면서 건방지게도 속으로 코웃음을 쳤던 기억이 난다. 이미 진보적인 이념만이 세상의 대안이라고 믿기 시작했던 내게, 그런 얘기가 귀에 들어올 리가 없었다. 그런 일은 없을 것이라고 마음 속으로 되뇌였다.

그리고 세월이 훌쩍 지나갔다. 그 교수님의 얘기를 냉소하던 새내기 청년은 이제 나이 60이 넘어 지난 시절을 돌아본다. 가끔씩 교수님의 그 얘기가 떠오른다. 어쩌면 이제는 내 입으로 같은 얘기를 하게 되었다는 생각을 한다. 지난 40여 년의 시간 동안 무슨 일들이 있었던 것일까.

지나고 보니 우리들의 긴 인생에는 사이클이라는 것이 있는 것 같다. '나'로 태어났다가, 세상 속으로 들어가서 살다가, 다시 '나'로 돌아와서 인생의 열매를 영글게 하는 순서 같은 것이다. 인간은 세상에 태어나 성장하면서 자아를 갖게 되고 점차 자신의 목표에 따라 사는 정념의 삶을 살게 된다. 사람마다 추구하는 목표의 성격과 방향은 다르겠지만, 대개는 인생의 불꽃을 피우는 시간을 길게 갖는다. 하지만 그것이 결국 내 것이 되기는 그리 쉽지 않다. 무엇인가를 해내기 위한 정념으로 가득 찼던 나의 삶에는 이제 세상과 거리를 두는 관조의 삶에 대한 욕구가 생겨난다. 그래서 이제 나는 세상에 대한 거대한 담론들을 내려놓고 개인의 소소한 일상에서 삶의 의미를 찾는 소시민으로 만족한다.

물론 나만 그렇게 변한 것은 아니었다. 그 시절을 함께 살았다고 믿었던 '우리 편'의 많은 사람들도 달라졌다. 우리는 선이고 저쪽은 악이라고 여겼던 믿음은 더 이상 현실을 설명할 수 없게 되었다. 막상 살아보니 세상에는 선과 악이 복잡하게 얽혀 있었다.

빅토르 위고의 소설 『파리의 노트르담』에 등장하는 주인공 꼽추 카지모도, 집시 여인 에스메랄다, 신부 프롤로가 그랬듯이, 인간은 선과 악 어느 하나로만 규정할 수 없는 존재들이다. 인간 개인들이 오묘한 다중성의 굴레에 갇혀 있듯이, 세상의 어느 편도 선하기만 하지도 악하기만 하지도 않다. 그런 내 생각을 시로 표현해준 것이 도로시 파커였다.

> 내가 젊고 대담하고 강했을 때
> 옳은 것은 옳고, 잘못된 것은 잘못된 것이었다!
> 나는 깃털 장식을 세우고 깃발 날리며
> 세상을 바로잡으러 달려 나갔다.
> "나와라 개××들아, 싸우자!"고 소리 지르고,
> 나는 울었다. 한 번 죽지 두 번 죽나.
>
> 그러나 이제 나는 늙었다.

> 선과 악이 미친 격자무늬처럼 얽혀 있어
> 앉아서 나는 말한다.
> "세상이란 원래 그런 거야. 그냥 흘러가는 대로
> 두는 사람이 현명해.
> 질 때도 있고, 이길 때도 있지, 이기든 지든 별 차이가
> 없단다, 얘야."
> 무기력증이 진행되어 나를 갉아먹는다.
> 사람들은 그걸 철학이라고 말하지.
>
> 도로시 파커, 「베테랑」, 최영미 옮김

  나는 자신에게로 돌아가고 싶은 인생 후반기의 욕구가 무기력증인지, 아니면 소중한 행복찾기의 길인지를 굳이 따지지 않으려 한다. 중요한 것은 이제 나의 시선이 세상이 아니라 자기 자신에게로 향해 있다는 사실이다.

  우리들의 인생이 때로는 덧없이 짧게 느껴지기도 하지만, 한편으로는 사람의 생각이 수없이 바뀔 정도로 길다는 생각이 들기도 한다. 그때 진보적인 이념을 머릿속에, 아니 가슴속에 품었던 청년은 이제 예순의 나이를 넘어 이념이라는 것의 공허함과 부질없음을 말하게 되었다. 당초 그 시절 우리들의 시작도 사실은 이념이 아니라 인간이었을 것이다. 그렇다면 이제 개인으로 돌아가 자신의 소소한 삶을

일구려는 생각이 그리 잘못된 것은 아닐 게다. 다시 시작했던 곳으로 돌아가는 셈이니 말이다.

무리 짓는 시대의
외로운 자유

거의 30년가량 시사평론가라는 이름으로 일했다. 인생에서 가장 왕성하게 일하던 시절의 대부분 그 일을 했으니, 평생 해왔다고 해도 과언이 아니다. 그런데 언제부터인가 오랜 기간 대면해야 했던 것이 있었으니, 바로 진영 대결의 시대가 낳은 굴레였다.

우리 정치와 사회는 오랫동안 극심한 진영 대결에 갇혀왔다. 보수와 진보, 여와 야로 갈려서 세력 간의 대결로 점철되어 온 것이 우리 정치의 흑역사였다. 나 또한 한 진영에 서 있다고 생각했던 시절이 있었다. 흔히 말하는 '진보적인' 평론가였던 것이다. 대학생 시절부터 진보적인 사고를 갖고 그 운동에 함께했으니, 당시로서는 당연한 일이었다. 하지만 나이가 들면서 젊은 시절에 가졌던 생각들 가운데 변하는 것들이 많아졌고, 어떤 이념이나 주의가 아니라 상식과 이성의 잣대에 따라 정치적 현상들을 판단하게 되었다. 한 인간이 성장하면서 거치는 의식의 변화를 생각하면 자연스러운 일이었다고 생각한다.

그래서 방송활동을 오랜 세월 하면서도 균형적이라는 평판을 받아왔다. 그런데 눈앞에서 벌어지는 진영 대결의 현실은 내가 생각하는 상식과 균형을 좀처럼 받아들이지 않았다. 노무현 정부 시절 방송과 글을 통해 노무현식 국정운영에 대한 비판적 얘기들을 꺼내기 시작하면서, 진영으로부터의 배제를 톡톡히 경험하게 되었다.

나는 노무현 정부 초기만 하더라도 흔히 말하는 '친노'였다. 2002년 대선에서 노무현이 대통령이 되는 게 우리 역사의 진전이라 믿고 그를 응원했다. 당시 대선 때 〈오마이뉴스〉와 민주당의 국민경선을 통해 노무현 후보가 선출되는 과정을 전국을 돌며 생중계하여 흥행 대박의 인물이 되기도 했었다. 그렇다고 나는 '노빠'가 될 수는 없었다. 노무현 대통령은 집권하는 동안 끊임없는 설화를 자초하여 논란이 끊이지를 않았다. 참여정부가 드러내고 있는 혼란이 '민주정부'의 실패로 귀결될 것을 우려했다. 그래서 노무현 대통령의 좌충우돌 행보에 대해 우려를 표하는 얘기들을 자주 하곤 했다. 그 정도의 쓴소리는 시사평론가를 업으로 하는 나로서는 당연한 일이었다고 지금도 생각하고 있다. 그 시절로 다시 돌아간다 해도 나는 마땅히 같은 얘기를 할 것이다.

그러나 노 대통령의 열렬 지지자들은 그런 나를 '배신자' 취급하기 시작했다. '당신 같은 사람들이 도와주지는 않고 비판하니 노무현 정부가 힘들어지는 것 아니냐'는 얘기였다. 하지만 그 책임은 국민 눈높이에서 합리적이고 객관적인 비평을 해야 할 나 같은 사람에게 따질 일이 아니라, 민심의 이반을 낳아 지지율이 바닥까지 추락했던 노무현 정부에게 물어야 할 일이었다. 나는 그저 할 얘기를 했을 뿐, 그런 내가 '배신자'라면 어쩔 도리가 없는 일이었다.

2012년 대선 때는 더 심한 상황에 내몰렸다. 당시 나는 여전히 진보 쪽의 시사평론가라서 박근혜 후보의 당선을 막고 정권교체를 해야 한다고 생각하던 사람들 가운데 하나였다. 그런데 당시 야권에는 그럴만한 인물이 보이지 않았다. 문재인 후보가 나섰지만 여론조사 지지율에서는 일관되게 박근혜 후보에게 지는 것으로 나타났다. 그러던 와중에 '안철수 현상'이 생겨나면서 정권교체의 가능성이 열리는 듯했고, 마침내 안철수 후보도 대선에 뛰어들었다. 당시 안철수로 야권 후보 단일화를 하고 민주당이 함께 하면 정권교체는 확실한 상황이었다. 그런데 안철수의 등판을 그렇게도 간청하던 민주당은 막상 그가 대선에 뛰어들자 그를 공격하며 밀어내려 하는 것이었다. 나는 문재인-안철수의 아름다운 단일화가 없으면 정권교체는 무산된다는 우려 속에, 안철수를 껴안지 않고 공격하는 민주당과 지지층들을 비판했다. '문재인으로 정권교체될 테니 가만히 좀 있으라'는 비난과 야유를 수없이 들었고, 결국 그해 대선은 나의 예상대로 박근혜의 당선으로 귀결되었다. 정권교체를 못하는 한이 있어도 우리의 기득권을 내려놓을 수 없다는 진영 안의 사람들과, 정권교체를 위해서는 당신들의 기득권을 내려놓아야 한다는 나의 생각은 그렇게 충돌했다.

진보 진영 내부에서 그렇게 이단아 취급당했다고 해서 보수정권이 나를 예쁘게 봐줄 리는 없었다. 이명박 정부가 들어서면서부터 보수정권 시절 동안 내내 방송이 다 끊기는 보릿고개를 넘어야 했다. 나름대로 균형있게 방송을 한다고 자부했지만, 정권이 바뀌니까 '정권 비판을 할 가능성'이 있다는 이유만으로 방송에서 줄줄이 하차당했다. 이명박-박근혜 정부 9년의 시간을 거치면서 방송이라는 나의 생업은 그렇게 박탈당하고 말았다.

그러다가 박근혜 대통령이 탄핵당하는 초유의 사태가 생겨났고 '촛불 정부'를 자처하는 문재인 정부가 들어섰다. 사람들은 이제 세상이 달라졌다고 환호하며 들떴다. 하지만 나는 달라진 것이 없었다. 진보 성향이라는 이유로 보수정권 시절 철저하게 배제되었던 나였지만, 문재인 정부가 들어서니 '친문'이 아니라는 이유로 역시 배제되었다. 방송은 온통 문재인 대통령 만들기 공신들의 것이 되었다. 방송이 승자들의 전리품이 되고 논공행상의 자리가 되는 광경은 과거 보수정권 시절과 조금도 다르지 않았다. 이 무슨 역사의 코미디란 말인가. 변함없이 배제되어 있는 나는, 정권마다 똑같은 행태를 반복하는 세상의 풍경을 멀리서 물끄러미 지켜볼 뿐이었다.

정권이 바뀔 때마다 그랬다. 내가 업으로 삼았던 방송은 특히 정치적 시류를 타곤 한다. 언제나 정권을 잡은 쪽 편에 섰던 사람들이 수혜자가 되어 방송 진행자와 패널 자리들을 전리품처럼 나눠갖고 잔치를 벌인다. 보수정권 시절도, 진보정권 시절도 다른 것은 전혀 없었다. 문재인 정부가 들어서고 나니까 공영방송들의 진행자 자리는 '친문'으로 불리던 사람들 일색이 되었다. 물론 박근혜 정부 시절에도 그랬다. '친박'이라고 불리던 사람들이 방송 진행자 자리를 다 차지했다. 그러니 정권이 바뀐 들, 권력의 속성은 달라지지 않았다.

나에게도 기회는 많이 있었다. 일찌감치 마음먹고 어느 한쪽 편에 확실하게 서서 그 지지층들이 듣고 싶어 하는 얘기들만 했다면, 나 또한 팬덤들의 환호와 인기를 얻는 스타가 되었을지도 모른다. 한때는 제법 알려지고 잘 나갔던 사람이기에, 조금만 마음먹으면 그렇게 힘든 일은 아니었다. 그러나 나는 그렇게 할 수는 없었다. 잔칫상 위에 내 숟가락을 얹기 위해 자신의 생각과 반대되는 소리를 억지로 할 수는 없는 일이었다. 그가 어느 쪽 사람이든, 잘하면 잘한다, 못하면 못한다, 시시비비를 가리는 일은 나의 소명과도 같은 것이었다.

나는 진영으로 갈리어 무리 짓는 삶을 거부하곤 했다. 그 대신 나를 지키며 삶의 자유를 선택했다. 환호하는 군중들이 없기 때문에 생각에 따라서는 외로울 수 있는 길이었다. 플라톤의 『고르기아스』에는 소크라테스의 이런 말이 있다.

"하나가 되기 위해 나 자신과 불일치하는 것보다는 전

> 세계와 불일치하는 것이 훨씬 더 낫다."

나는 그 길을 택했다. 그것은 나를 불안 속에 가두는 고독이 아니라, 나를 더욱 단단하게 만드는 자발적 고독이었다. 나는 이제껏 그 힘으로 살아왔고, 그 힘은 마지막 순간까지 나와 함께 할 것임을 믿는다. 그러니 아무런 후회도 없다.

내가 정치를
하지 않은 이유

30년 가까운 세월동안 시사평론가 혹은 정치평론가라는 호칭으로 활동을 해왔다. 방송에서 마주친 대부분의 출연자들은 정치평론을 하다가 정치를 했고, 정치를 하다가 다시 정치평론을 했다. 때로는 뜻을 이루지 못한 선거 출마자들이 다음 선거 때까지 기다리는 대기소가 방송이었다. 그런데 나는 정치평론이라는 한길을 걸어온 셈이다. 그래서 똑같은 질문을 많이 받곤 했다 "왜 정치를 안 하세요?" 특히 선거가 다가오면 "출마하지 않으세요?", 아니면 "대선 후보 캠프로 가지는 않으세요?"라는 질문도 많이 받았다.

나는 그 질문이 당연시되는 것이 참 이상했다. 어째서

정치평론을 하는 사람은 정치를 할 것이라고 생각하는가. 두 영역은 내용은 일부 겹치겠지만 전혀 별개의 것이기 때문이다. 나는 그럴 때마다 지나가듯 간단하게 답을 하곤 했다. "저는 정치 안 해요." 조금의 망설임도 없이 그렇게 단언할 수 있었던 것은, 나는 정치를 하지 않는다는 결론을 일찌감치 내리고 방송 활동을 해왔기 때문이다.

내가 직접 출마한다거나 대선 후보 캠프에 참여하는 정치를 하지는 않았지만, 30대 시절 정치권에서 오랫동안 일을 했던 적이 있었다. 정치적 암흑기였던 대학 시절부터 진보적인 운동에 몸담았던 나는, 페레스트로이카 이후 사회주의 체제가 붕괴되는 광경을 지켜보면서 이제 우리 사회에 필요한 것은 제도권에서의 정치를 통한 민주주의의 성취라고 생각했다. 그래서 1991년 이부영 선생 등 재야운동 그룹이 당시 이기택, 노무현, 김정길, 이철 등이 있던 '꼬마민주당'에 들어갈 때 함께 입당해서 정당활동 일을 시작했다. 그 이전까지 연구소나 출판활동을 하면서 정세분석 글도 많이 써왔기에, 기획조정실 전문위원이 되어 주로 전략기획업무를 챙기는 일을 했었다. 그러다가 김대중-이기택 합당 선언에 따라 통합 민주당의 기획조정실에서 일을 하다가 이부영 의원의 보좌관 생활을 했다. 특별히 정치를 하겠다는 야망이 있어서는 아니었고, 정권교체를 통해 민주화를 완성하고 새로운 정치세력이 그 주역이 되는데 일조하겠다는 생각이었다. 어떤 정치적 야심보다는 비교적 순수한 마음으로 정치판 생활을 시작했던 것이다.

하지만 새로운 세력의 성장을 도모하는 작업은 당시 3김 정치의 위력 앞에서 실패했고, 나는 진로 선택에 고심을 하게 되었다. 시간은 빠르게 지났고, 나이 마흔을 앞둔 시기에 정치권에 계속 있는다는 것은 이제 본인이 직접 출마를 해야 의미가 있는 것인데, 나는 그럴 생각이 들지 않았다. 그래서 결국 여의도 정치권 생활을 떠나 독립적인 정치평론 활동을 하기로 결심했다.

그런 결정을 내린 이유를 한마디로 말하자면, 나는 정치에 어울리지도 않고 정치를 좋아하지도 않는 사람이라는 것이었다. 오랫동안 정치인들의 생활을 지근거리에서 지켜봤다. 정치인이 되려면 밤마다 전혀 모르던 사람들의 상가에 가서 조문을 하고 사람들과 어울려야 하고, 일요일 아침이면 나들이 떠나는 관광버스 앞에 찾아가서 주민들에게 인사를 해야 한다. 그때만 해도 국회의원이 되려면 동네 유권자들을 가득 태운 관광버스 안에서 마이크를 잡고 노래를 불러야 했던 시절이었다. 하지만 나는 그럴 시간에 가족들과 함께 지내거나 나를 위한 생활을 하는 것이 좋았다. 그리고 정치를 하려면 싫어하는 사람들과도 웃으면서 형님,

아우 하는 사이가 되어야 한다. 그런데 나는 싫은 사람에게는 표정을 잘 감추지 못하는 편이다. 굳이 싫은 사람에게 가식 떨며 살고 싶지 않았다. 내가 사기꾼이라고 생각하는 사람을 '형님'이라 부르고 친한 척하며 살 이유를 찾을 수 없었다.

물론 어떤 것이 좋은 삶인지는 알 수 없다. 자기 편한대로, 자기 좋아하는 대로만 사는 것도 자기중심적이거나 사회성이 부족하다는 얘기를 들을 수 있을 것이다. 그러나 사람에게는 저마다의 개성이 있다. 그 개성을 굳이 억압하여 다른 사람들과 똑같은 모습이 되는 것이 결코 행복한 삶이라고는 생각하지 않았다. 사람마다 자기 인생의 행복을 만드는 방식은 다르다. 국회의원이 되고 청와대에 들어가고, 장관 자리까지 오르는 것이 엄청난 행복인 사람도 있겠지만, 그런 것에서 별다른 행복을 느끼지 못하는 사람도 있는 것이다.

실제로 그 시절 당이나 국회의원 회관에서 함께 일했던 많은 동료나 선후배들이 국회의원이 되었고 청와대 비서관이 되었고, 누구는 장관이 되었다. 내가 함께 일하고 잘 알던 사람들이 뉴스에 나오는 중요 인물이 된 것은 흥미로운 일이었다. 하지만 한 번도 그들의 입신양명이 부러웠던 적은 없었다. 한때 잘 나간들, 권불십년權不十年 아니 이제는 권

불오년權不五年이기에 그들의 삶이 특별히 부러울 것도 없었다. 세상을 쥐락펴락하면서 힘을 과시하다가도 정치 말년에 힘든 인생길로 들어서거나 망가지는 모습들도 많이 지켜보았다.

사람에게는 저마다 자기에게 맞는 옷이 있다. 자기한테 맞지 않는 옷을 억지로 입으면 갑갑해서 몸을 제대로 움직일 수 없게 된다. 나는 그저 야인의 신분으로 무엇에 매이지 않고 자기가 하고 싶은 일을 자유롭게 하며 살아가는 것이 행복이었다. 그래서 특별히 내세울 이력은 없었지만 나는 내가 살아온 길에 만족한다.

우리는 여러 개의 얼굴을 갖고 살아간다. 종종 자기의 얼굴을 숨기기도 한다. 그래서 현실 속에서 페르소나persona를 낳는다. 심리학자 칼 융은 "인간은 천 개의 페르소나를 지니고 있어서 상황에 따라 적절한 페르소나를 쓰고 관계를 이루어 간다"고 설명한다. 페르소나를 통해 개인은 생활 속에서 자신의 역할을 반영할 수 있고 자기 주변 세계와 상호관계를 맺을 수 있게 된다. 물론 인간은 사회 속에서 페르소나 없이는 살아가기 어렵다. 사회 속에서 활동하면서 누구나 사회의 요구에 맞춰 어느 정도의 페르소나를 사용하며 살아간다. 그렇다고 해서 페르소나가 너무 강해지면 자아를 상실하게 된다. 페르소나를 조절하지 못하면 나는 세상에 나가서 연기를 하는 존재가 되어버리고, 끝없는 연기를 하다가 지쳐버리게 된다. 그래서 나는 페르소나를 쓰지 않고, 그냥 내 얼굴대로, 살고 싶은대로 살아가기로 했다. 그때 결심을 참 잘했다고, 살면서 두고두고 생각했다.

철학자 칸트의 묘비명에는 이렇게 쓰여져 있다.
"내가 여러 차례 또 오랜 시간 성찰하면 할수록 더욱 새롭고 더욱 높아지는 경탄과 경외심으로 나의 마음을 가득 채우는 두 가지가 있다. 이 두 가지란, 내 머리 위에 있는 별이 빛나는 하늘과 내 마음 안에 있는 도덕 법칙이다."
나는 나의 책임이라고 생각했다. 그래서 나의 삶을 사는 길을 택했다.

이가 없으면 잇몸으로, 인터넷 개인방송을 하다

SNS를 오랜 세월 동안 해왔다. 시작했던 계기가 남들처럼 그리 유쾌한 것은 아니었다. 2008년 이명박 정부가 들어서면서 그동안 해왔던 방송 일들이 하루 아침에 대부분 끊겼다. 나름대로 방송에서 균형적인 평론을 해왔다고 생각했지만, 노무현 정부 시절 방송에 많이 나왔고 정권 비판의 소지가 있는 인물이라는 것이 이유였다. 말도 안 되는 이유로 생업의 현장에서 추방당해야 하는 상황을 받아들일 수가 없었다. 내 삶의 주인은 나 자신인데, 타의에 의해 내 삶이 강요받고 휘둘리는 것을 인정하고 싶지 않았다.

그래서 시작한 것이 SNS를 통한 정치평론이었다. 힘을 가진 타의에 의해 마이크를 내려놓아야 하는 현실에 대한 불복의 의미였다. '이 없으면 잇몸'이라는 생각으로 변함없이 내 의견을 발언하고자 했다. 지상파 방송의 마이크는 내려놓을 수밖에 없었지만, 내가 만든 나의 마이크를 새로이 켰다. 내가 이대로 죽지는 않을 것이라는 오기가 발동하여 휴일도 없이 매일 밤 어김없이 두 시간씩 개인방송을 했다. 힘들고 허리가 아팠지만, 당신들이 원하는대로 침묵하지 않겠다는 일념으로 버텼다. 블로그, 트위터, 페이스북 등 다양한 SNS 활동을 함께 본격적으로 벌여 나갔더니 시너지 효과가 생겨났다. 순식간에 시청자들이 급증했고 방송 시작 한 달 만에 아프리카TV 전체 랭킹 5위에 오르는 기염을 토했다. 내 활동의 주무대가 KBS, MBC 같은 공영방송에서 인터넷과 SNS로 옮기는 시기를 맞은 것이다. 이를테면 망명 활동을 한 셈이었다.

이미 2000년대 초반부터 여러 온라인 매체들을 통해 인터넷 시사평론을 해왔기에 빠르게 적응할 수 있었다. 지상파 방송 출연은 끊어졌지만, 많은 사람들이 변함없이 내 글과 방송을 접하며 응원해주었다. 지금이야 너도나도 유튜브 방송을 하지만, 그때만 해도 좀 알려진 사람이 인터넷 개인방송을 하는 것이 그리 흔한 일은 아니었다. 지상파 TV에 나오던 사람이 어느 날 갑자기 인터넷에서 개인방송을 하니까 여기저기서 관심을 갖기도 했다. 인터넷 방송에서 나를 만난 시청자들은 깜짝 놀라서 유 아무개가 맞냐고, 어떻게 된 일이냐고 내게 사연을 물어왔다. 여러 언론들에서도 관심을 갖고 인터뷰 요청을 해왔고 화제의 기사로 내보냈다.

"현재 한국에서 다양한 소셜 미디어를 가장 적극적으로 사용하는 사람 가운데 한 명"《오마이뉴스》, 2010.7.6.)

"공중파 방송 출연과 신문·잡지 기고로 바빴던 그가 인터넷방송 〈아프리카TV〉에서 '유창선의 시사난타'라는 방제(방의 제목)로 새로운 쌍방향 미디어실험에 도전하고 있다. 블로그, 트위터에 이어 1인 방송까지 '홍길동처럼 동에 번쩍, 서에 번쩍' 전방위 시사평론 작업을 펼치고 있는 것이다."《한겨레》 2010. 4. 24.)

"인터넷 평론의 선구자격"《주간경향》 2012.10.23.)

2010년에는 한국블로그산업협회와 한국언론진흥재단이 주최한 '2010 대한민국 블로그 어워드'에서 대상을 수상하기도 했다. "'유창선닷컴'이 시사평론가로서 블로그뿐만 아니라 트위터, 아프리카, 모바일 앱 등을 통해 소셜미디어를 잘 활용하고 있다"는 것이 선정 이유였다. 그런가 하면 2012년에는 아프리카TV의 BJ 대상에서 시사부문 최우수상을 수상하기도 했다.

하지만 그 무렵이 내 SNS나 개인방송의 마지막 절정기였다. 소통의 장으로 기대를 모았던 SNS는 점차 진영 간의 대결로 얼룩진 난폭한 싸움의 무대가 되기 시작했다. 원색적인 비방과 욕설들은 SNS가 소통과 공론의 장이 되는 것을 가로막았다. 서로가 '누구 편인가'부터 묻는 진영 간의 대결이 우리 사회를 덮어버릴수록 나는 그런 진영의 정치에 환멸과 염증을 느끼기 시작했다. 평소에는 멀쩡하던 사람들이 정치적 집단에 속하면 그토록 거친 사람으로 바뀌는 광경을 지켜보는 것은 인내하기 힘든 일이었다. 자신의 영혼과 자유를 지키기 위해 그런 진영주의와 결별하겠다고 마음먹은 나는, 편을 따지지 않고 시시비비를 가리는 시사평론의 길로 들어섰다. 그러자 나의 개인방송과 SNS의 절정기도 점차 하향 곡선을 그리게 된 것은 감수해야 할 일이었다.

밤이면 그렇게도 많은 시청자들이 모여 시청하던 내 아프리카TV 방송에서 사람들이 썰물처럼 빠져나갔다. 점차 시청자 수는 줄어들었고 자발적 시청료인 '별풍선'도 현저하게 줄어들었다. 오직 자기 진영이 이기고 지는 데만 관심을 갖고 방송을 시청하던 많은 사람들에게, 나는 더 이상 응원할 가치가 없게 된 것이다.

그렇게 세상 속의 사람들은 온통 편을 갈라 무리 지어 있었다. 보수와 진보, 혹은 여와 야. 물론 어느 무리에도 속하지 않은 사람들도 많겠지만, 그렇게 무리 지은 사람들만 눈에 띄는 것이 세상이기도 하다. 무리를 지으면 목소리도 커지고 다른 사람들의 주목도 받기 때문이다.

그렇게 무리 짓는 삶은 개인에게 심리적 안도감을 준다. 사람은 자신이 속한 집단과 같은 생각을 하고 같은 목소리를 내면서 집단의 일원임을 확인하게 된다. 그 순간 개인으로서는 경험하지 못한 정치적 희열을 느끼게 된다. 자기 부모 걱정 때문에 눈물 한번 흘리지 않던 사람이, 자기가 지지하는 정치인이 안타깝고 걱정스러워 눈물을 흘리는 모습은 그렇게 가능한 것이다.

그런데 세상의 수많은 일들은 그 무리 안에서 이루어진다. 무리에 속하지 않은 사람은 소외된 주변의 구경꾼이 될 뿐이다. 그러니 무리 가운데 어느 쪽에도 속하지 않는 사람은 자발적 고독을 택하는 셈이다.

그 뒤로 십몇 년의 세월이 지났다. 나는 이제 개인방송을 하지 않는다. 몇 년 전 투병에 들어가면서 방송을 중단했는데, 몸이 회복되었지만 재개하지 않기로 했다. 누구의 편인가부터 따지는 환경에서 굳이 악착같이 계속할 의미를 찾지 못해서이다. SNS도 이제는 페이스북만 하고 있다. 정치적 이유로 악플과 욕설의 배설장이 되어버린 트위터는 진즉에 중단했다. 서로가 실명을 공개하고 친구를 선택할 수 있는 페이스북이 그나마 내가 세상과 조곤조곤 소통할 수 있는 공간으로 남아있다.

　십몇 년 전 SNS의 선구자 소리를 듣던 나는 이제 많은 것을 접었지만, 반대로 많은 사람들이 너도나도 유튜브 방송에 뛰어들었다. 유튜브를 통해 정치를 이해한다는 사람들이 많다. 그런데 그럴수록 유튜브 방송들은 진영 대결에 편승한 돈벌이 수단으로 변질되어 왔다. 조금이라도 더 자극적이고 선정적인 방송을 해야 슈퍼챗이 쏟아지니, 유튜브의 정치 방송들은 온갖 마타도어들이 난무하는 선동의 장이 되어버렸다. 나는 더 이상 그런 곳에 끼어들 엄두가 나지 않는다. 인생을 길거리에서 큰 목소리로 호객하며 장사하듯이 살 수는 없는 일이다.

　지난 시간 동안 우리는 과연 앞으로 진화한 것일까. 너도나도 무리 짓는 삶에 매달리다가 서로에 대한 증오만 넘치는 길을 가고 있는 것은 아닐까. 나는 이제는 그런 진영 대결을 멀리서 물끄러미 바라보는 구경꾼일 뿐이다. 주변으로 비껴선 시대의 구경꾼은 외롭기는 하지만, 그래도 자기의 영혼을 잃지 않았다는 안도감을 갖고 살아간다. 살아남기 위해서 내 영혼을 파는 일은 없었음에 감사한다. 괴테가 그린 파우스트적 삶은 자신이 갈망하는 것을 목표로 삼아 그것을 성취하기 위해 살아간다. 파우스트는 자신이 추구했던 것들을 이루기 위해 악마 메피스토펠레스와 계약을 맺지만 그가 시도했던 여러 인생이 비극으로 끝난다. 물론 그의 열망과 노력을 인정한 천사들에 의해 파우스트는 구원받지만, 성취에 집착하며 자신을 붙들어 맨 파우스트의 삶은 이미 자유를 잃은 박제가 된 것이었다.

악마와의 거래라는 유혹을 뿌리치고 나는 자유로운 영혼을 지키고 싶었다. 지금 내 페이스북의 프로필에는 이런 말이 기록되어 있다.

"무리 짓는 삶보다는 자유로운 개인으로 남으려 합니다."

나를 지키는 선택,
동네 독서실로 들어가다

　내가 해온 정치평론가는 참 더러운 일이다. 자신이 평생 해왔던 일을 조금이라도 우습게 여겨서 이런 말을 하는 것은 아니다. 나름대로 소명의식을 갖고 천직으로 생각하며 해왔던 일 아니던가. 더럽다는 의미는, 정권이 바뀔 때마다 정치적 외풍을 너무도 민감하게 타는 환경에서 일해야 했다는 사실 때문이다. 보수정권 시절이든, 진보정권 시절이든, 정권이 바뀌면 그 정권을 지지했던 사람들이 방송마다 중용되어 잘 나가고, 그렇지 않은 사람들은 찬밥 신세가 되는 상황을 번갈아 가며 경험했다.
　박근혜 정부가 들어서자 '박근혜 대통령' 만들기에 팔을 걷어부쳤던 '친박' 평론가가 온갖 방송들의 진행자 자리를 꿰차며 돈방석에 앉는 광경을 보았다. 그 정부가 탄핵당해 물러나고 문재인 정부가 들어서자 '문재인 대통령' 만들기에 올인했던 '친문' 평론가들이 마찬가지로 온갖 방송들의 진행자 자리를 차지하는 것도 지켜보았다. 이명박 정부 때도, 박근혜 정부 때도, 문재인 정부 때도 조금도 다르지 않게 똑같은 광경이 벌어졌다. 역사의 코미디 같은 장면들이었다.

그런 환경에서 정치평론을 했으니 얼마나 자존심이 상했겠는가. 그래서 더러운 일이라고 표현한 것이다. 나는 그런 정치적 외풍을 온몸으로 맞으며 20년 넘게 방송생활을 했다. 1998년 김대중 정부가 들어서는 무렵 방송활동을 시작했던 나는 노무현 정부 시절에 전성기를 구가했다. 특별히 정권의 편에 서거나 연줄의 덕을 봐서 그랬던 것은 없었고, 그 시절만 해도 정치평론을 업으로 하는 사람이 희소했고 내가 어지간히는 해냈기 때문이다. 그래서 당시 종편도 없어 방송사가 몇 안 되던 시절에도 지상파 방송에서만 하루 5~6개의 고정 방송을 하곤 했었다.

나는 정치 권력의 향배에 상관없이 균형 있는 평론을 해야 한다고 믿는 사람이었다. 물론 30~40대 시절에는 진보적인 생각을 갖고 있었기에 선거 때는 김대중 후보와 노무현 후보를 지지했었다. 그러나 정권이 들어선 이후에는 시시비비를 가리며 잘못한 것에 대해서는 잘못이라고 말하는 자세를 잃지 않으려 했다. 정치평론이 어느 정권이나 진영의 방패가 되어서는 안 된다는 믿음이 있었다. 하지만 그런 균형을 유지했다고 해서 정권의 바뀜에 따른 외풍을 피해갈 수는 없었다.

이명박 정부가 들어서고 광우병 촛불정국이 지나간 이후 정권은 방송장악을 본격적으로 밀어붙였다. 정권 비판의 소지가 있다고 판단되는 인물들은 방송에서 줄줄이 하차하게 되는 사태가 빚어졌다. 그렇게 많은 방송을 하던 나도 피해갈 수 없었다. 고정 출연하던 그 많은 방송들에서 거짓말처럼 일제히 하차 통보를 해왔다. "나는 그래도 균형 있게 방송을 했는데 왜 갑자기 그만두어야 하는가" 물으면, "노무현 정부 시절에 방송을 많이 해서 그렇다", "위에서 그렇게 지시했다"는 대답뿐이었다. 그래서 보수정권 시절이 전개되면서 정치평론가로서의 보릿고개가 시작되었다. 그렇게도 많이 출연하던 공영방송들에서의 섭외는 완전히 끊겨버렸고, 눈에 띄지 않는 지역방송에서 나를 좋아하던 PD들 덕분에 그나마 간간이 방송을 할 수 있었다.

그때가 한창 왕성하게 일을 해야 하던 40대였다. 인생의 그 황금 같은 시절에 정치적 이유로 자기 일을 하지 못하게 되니 처음에는 울화가 치밀기도 했다. 정권이 바뀌기만을 학수고대했다. 추방당한 신세가 되었지만, 다시 정권이 바뀌면 내 일을 되찾을 수 있으리라는 기대를 했었다. 하지만 2012년 대선에서 민주당의 욕심 때문에 정권교체에 실패하고 박근혜 정부로 보수정권이 이어지게 되었을 때, 그것이 얼마나 허망한 기대였던가를 생각하게 되었다. 다시 발이 묶이게 된 나는 생각하고 또 생각했다. 하염없이 정권교체를 기다리며 내 삶이 변화되기를 기대했던 것이 얼마나 무의미한 일이었던가. 내 인생의 주인은 나 자신인데, 어째서 외부의 환경들이 내 인생을 좌지우지하는데 몸을 맡겨야 하는가.

그래서 나는 내 힘으로 나를 지켜야 한다는 결론을 내렸다. 또다시 정치적 환경의 변화가 나를 도와주리라는 헛된 기대를 하지 말고, 세상의 이런저런 일들이 나를 흔들어도 내 자신을 지킬 수 있는 강한 힘을 키우자고 마음먹었다. 그래서 들어간 곳이 동네에 있는 독서실이었다. 환멸만을 낳은 채 나의 굴복을 강요하는 세상, 그로부터 단절된 곳에서 지내는 자발적 고독을 선택했다. 강요받은 고독은 우리를 불안하게 만들지만, 스스로 택한 고독은 우리를 강하게 만든다.

수험생들이 다니는 동네 어느 독서실에서 몇 년 동안 연간 회원권을 끊고 수많은 책들을 읽었다. 독서실에서 고등학생들이나 수험생들과 섞여서 공부하는 아저씨가 된 내 모습은 평생 상상해본 일이 없었다. 무슨 수험서를 놓고 공인중개사 시험공부를 하는 것도 아니었으니, 아마 어린 학생들은 대체 무엇하는 아저씨인가 궁금했을지도 모르겠다.

그때 소크라테스를 읽으며 인간의 자기성찰과 좋은 삶에 대한 의지를 배웠고, 니체를 읽으며 시련을 이겨내는 인간의 강인함을 생각했다. 푸코를 읽으며 자기를 배려하는 삶의 의미를 생각했다. 카프카와 루쉰을 읽으면서는 나와 비슷하게 경계인의 삶을 사는 주인공들을 동지처럼 반갑게 만났다. 세상은 쳐다보고 싶지 않게 되었지만, 대신 책 속의 많은 삶들이 내 친구가 되어주었다.

아침부터 밤늦게까지 수많은 인문학 고전들을 읽어가며 자신을 지키는 힘을 키웠다. 박사학위를 받은 이후로 방송 생활만 하느라고 하지 못했던 공부를, 엉뚱한 사연으로 뒤늦게 몇 년 동안 하게 된 셈이었다. 혼자서 하기 어려운 난해한 철학 공부들은 멀리 인문학 공동체로 강의를 들으러 다니며 배움의 시간들을 가졌다. 읽어도 읽어도 모르겠는 철학서들 때문에 인터넷 강의들을 수강하기도 했다. 당시 내게는 그런 공부들이 단순한 텍스트가 아니라, 삶을 견디고 넓게 만들어가는 시간이 되었다.

그냥 책만 읽으면서 그 기간을 보낸 것은 아니었다. 공부를 하면서 혼자만 알고 있기에는 내용들이 너무 좋아, 몇 권의 인문학 책들을 써서 출간하기도 했다. 여러 곳에서 관련된 인문학 강의를 하기도 했다. 내가 인문학 공부를 하면서 느끼고 생각했던 많은 것들을 사람들과 공유하고 싶었다. 돌아보면 정치평론을 하던 사람으로서는 색다른 인생여행이었던 셈이다.

그 몇 년간 했던 인문학 공부들은 그 뒤 내가 여러 글들을 쓰는데 더 깊고 넓은 사유를 갖도록 만드는 밑거름이 되었다. 그 외로웠던 시절 동네 독서실에 박혀서 공부에 몰두했던 시간은 그 이후 내 삶에 큰 힘이 되었음을 실감하면서 살아가고 있다. 힘든 상황에서도 동요하지 않고 평정심을 유지하면서 책을 읽고 공부할 수 있는 내 모습에서, 시련을 마주보며 견뎌내는 힘이 커감을 발견할 수 있었다. 몇 년 전 갑자기 닥쳐온 병마를 동요없이 담담하게 받아들이며 투병을 했던 용기도, 어쩌면 이런 시간들이 쌓이면서 가능했던 것이 아닐까 생각하고 있다.

살면서 나를 지키는 일의 소중함은 비단 자기 자신만의 일은 아닐 것이다. 누구나 살다보면 자기 외부의 세상으로부터 자기를 흔들어대는 많은 일들을 겪게 된다. 어쩌면 한

시도 나를 내버려두지 않는 것이 세상살이라는 원망이 들 때도 있다. 예고 없이 닥친 시련 앞에서도 두려워하거나 불안해하지 말고 자신을 지키려는 노력이 필요하다. 물론 그 방법은 사람마다 다를 것이다. 내 경우는 동네 독서실에 박혀서 책을 읽고 쓰면서 훗날을 기약했던 것이 나만의 방식이었다. "그를 죽이지 못하는 것은 그를 더욱 강하게 만든다"던 니체의 말은 사실이었다.

신념을 과신말라,
내가 틀렸을 수도 있다

　사람은 누구나 자기가 하는 생각이 옳다고 믿는다. 그런데 자신의 생각에 대해 지나친 확신을 갖게 되면 신념에 갇힌 포로가 되고 만다. 대표적인 사례가 정치에 관한 얘기를 하는 경우들이다.

　사람들 사이의 관계를 종종 불편하게 만드는 것이 정치 얘기임을 우리는 많이 경험하면서 산다. 자기 부모는 흉보던 사람이, 자기가 지지하는 후보를 뭐라고 하면 득달같이 불쾌한 반응을 보이거나 언짢아하는 모습들을 많이 본다. 올해는 대통령선거와 지방선거라는 큰 선거를 두 개나 치르다 보니, 누구를 찍을 것인가에 대한 얘기를 주고받을 기회가 많다. 가족 형제와 친척들, 친구와 동창들, 그리고 직장 동료들 사이에서 그런 정치 얘기를 하게 되는 일이 자주 있게 된다.

    그런데 아무리 가까웠던 관계에서도 정치 얘기를 너무 열심히 하는 것은 조심할 필요가 있다. 정치적 견해가 다를 경우 자칫 서로의 감정을 건드려 우의를 해치게 되는 일들을 많이 겪고 보았기 때문이다. 명절 때 오랜만에 가족들이 모인 자리에서 선거 얘기를 하다가, 누군가가 하필이면 내가 가장 싫어하는 후보를 찍어야 한다고 열변을 토하는데 불편함을 느낀 경험들이 많을 것이다. 그쯤에서 그치지 않고 서로 논쟁을 벌이다가 어색해지는 경우도 적지 않다. 가족 형제들 사이에서는 그래도 혈연지간이라 정치적 의견 차이 때문에 서로 안 보게 되는 경우는 거의 없을 것이다. 하지만 친구나 동창들 사이만 되어도 얘기는 달라진다. 서로 친한 사이라고 믿었건만, 조국 사태 때 '친조국'과 '반조국'으로 갈리어 서로 불편한 관계가 되거나 아예 절교하다시피 한 경우들을 흔하게 볼 수 있었다. '대체 그놈의 정치란 게 뭔데 이렇게 사람들 사이까지 갈라놓게 만드나'라는 탄식을 서로 똑같이 하면서 말이다.

    우리가 언제나 잊지 말아야 할 것은, 사람은 서로가 생각이 다르다는 사실이다. 100 사람이면 100개의 생각이 있는 것이 우리가 사는 세상이다. 하물며 사람마다 의견이 갈라지게 되어있는 정치에 관해서야 두말할 것도 없다. 그러니 '내 생각은 언제나 옳고, 당신들의 생각은 언제나 틀리다'는 태도로는 세상을 함께 살아갈 수 없다. 내 생각이 틀릴 수도 있고, 당신의 생각이 옳을 수도 있다는 마음을 가져야 서로 간의 소통도 가능하다. 그것이 서로 다른 생각들의 공존이다. 정치철학자 한나 아렌트는 '사유하는 정치적 삶'을 우리에게 주문했다. 그녀가 말한 정치는 다원적 인간들 사이에서의 다양성을 전제로 한 의사소통 행위를 의미하는 것이었다. 생각의 다양성을 인정하지 않고 정치를 적대와 증오의 감정으로 덮어버리는 광경들은 아렌트가 꿈꾸었던 정치적 삶과는 거리가 멀다.

그런데 자기 신념에 대한 확신이 너무 강해지면 아렌트가 말했던 의사소통 행위를 할 수 없게 된다. 이는 자신은 물론이고 우리 공동체 삶을 피폐하게 만든다. 움베르토 에코의 유명한 소설 『장미의 이름』은 신념에 갇힌 인간이 불러온 비극적 재앙에 관한 얘기이다. 눈이 먼 늙은 수도사 호르헤는 전통적 교리만을 절대적 진리로 받아들이는 낡은 권력을 상징하는 인물이다. 아리스토텔레스의 『시학』 2권 희극편을 수도원 장서관에 숨겨놓고, 그 책에 접근하는 젊은 수도사들을 한 명씩 살해한다. 아리스토텔레스는 그 책에서 웃음은 우리 삶에 바람직한 것이며 진리의 도구가 될 수 있다고 말했다. 하지만 웃음을 악마적인 것이라고 생각하는 호르헤는 아리스토텔레스의 책을 수도사들이 읽어서도 안 되고, 그 책이 세상으로 나가서도 안 된다고 믿는다. 그래서 절대적 진리에 대한 호르헤의 맹신이 수도원의 비극을 불러오게 된다.

결국 수도원 연쇄 살인사건의 살해범이었음이 발각된 호르헤는 수도원에 불을 지르고 최후를 맞는다. 불타버린 교회를 바라보면서 수도사 윌리엄은 시종 아드소에게 말한다.

> "아드소, 선지자를 두렵게 여겨라. 그리고 진리를 위해서 죽을 수 있는 자를 경계하여라. 진리를 위해 죽을 수 있는 자는 대체로 많은 사람을 저와 함께 죽게 하거나, 때로는 저보다 먼저, 때로는 저 대신 죽게 하는 법이다."

하느님의 진리에 대한 지나친 믿음에 사로잡혀 사람들을 죽어가게 만든 호르헤는 '가짜 그리스도'였다. 윌리엄은 진리를 과신하며 진리를 위해 죽는 자를 경계하라고 했다. 진리에 대한 집착에서 스스로를 해방시키는 일이야말로 참

된 진리임을 에코의 『장미의 이름』은 말하고 있다.

　우리들이 살아가는 데서도 마찬가지이다. 이상하게도 정치에 관한 얘기만 나오면 사람들은 자신의 신념을 굽히지 않는 경우가 많다. 그래서 정치적 견해가 다른 사람끼리 서로 원만하게 대화를 하는 일은 무척 어렵곤 하다. 그런데 굳이 열을 낼 필요가 없는 것이, 사람들은 정치적 견해에 관해서는 좀처럼 설득당하지 않는다. 내가 아무리 내 얘기가 옳음을 입증하려고 애를 써도, 다른 사람이 내 얘기로 생각을 바꾸는 경우는 아주 드물다. 누구에게나 자기가 믿는 것을 확신하는 확증편향이 있기 때문이다. 그래서 정치 얘기는 가급적 적당히 하는 것이 좋다. 공연히 좋았던 사이를 깨고 서로가 어색해지고 불편해지지 않으려면 말이다. 좀 비겁하게 생각이 들 수도 있겠지만, 지인들과 정치적 논쟁을 하는 것은 소모적인 감정 소비만 낳고 끝날 가능성이 99%다.

　지나친 자기 확신을 경계하라는 말은, 거창한 정치에만 국한되는 얘기는 아니다. 부부 사이에서도 한쪽의 지나친 확신과 고집 때문에 갈등을 빚는 경우들이 많다. 집을 사는 문제를 놓고 부부 사이에 의견 대립으로 훗날 관계가 악화되는 경우들을 많이 보았다. 집값이 워낙 뛰니까 부인은 내 집 마련을 하기 어려울 것 같다는 위기감이 들어 남편에게 대출을 얼마간 받아 집을 사자고 한다. 그러나 남편은 요지부동 반대한다. 정부가 집값을 잡겠다고 했으니 곧 집값은 떨어질 것이라 지금은 집을 사면 안 된다는 것이다. 그래도 부동산 시장의 현실을 아는 부인이 설득도 하고 화도 내고 그랬지만, 남편의 고집을 꺾지 못하고 결국 집 사는 일을 포기했다. 그런데 몇 년이 지나는 사이에 집값이 폭등하여 더 이상 집을 사기가 어렵게 되었다. 2~3년 전 집을 살 수 있었던 돈으로 이제는 전세 얻는 것조차 힘들게 되어버린 것이다.

낙담한 부인은 속이 상해서 남편을 원망하며 살게 된다. 너무 세속적인 얘기 같지만, 우리 주변에서 흔하게 볼 수 있었던 실제 상황들이다. 집 사는 문제로 생겨난 이런 부부 사이의 갈등도 자신의 판단만이 옳다며 고집부리지 않고, 여러 정보도 공유하고 상의를 했다면 서로 책임 추궁을 하는 관계로 가지는 않았을 것이다. 부부가 같이 살다 보면 어느 한쪽이 '빌런'이 되는 경우가 흔히 있다. 어느 한쪽이 고집불통이 되어, 자기와 생각이 다르면 들으려고도 하지 않는 경우 그런 결과가 되어 버린다. 정치같이 거대한 담론에 관한 것이든, 우리가 일상의 생활을 영위하는 일에 관한 것이든, 지나친 자기 확신은 나를 해치고 옆에 있는 사람들을 멀게 만들 수 있음을 생각할 필요가 있다.

2부

투병의 시간, 다시 태어난 삶

"사랑한다는 것은 우리가 서로 마주보는 것이 아니라 함께 같은 방향을 바라보는 것이다."

— 생 텍쥐페리, 『인간의 대지』

뇌종양 수술,
갑작스럽게 닥쳐온 인생의 폭풍

⋮

    2019년 2월 갑작스러운 뇌종양 수술을 하게 되었다. 머릿속에 그런 놈이 있으리라고는 상상도 하지 못하고 살았다. 그런데 MRI 검사에서 나타난 크기를 보니 제법 오래된 것 같다고 한다. 여러 달 전부터 몸이 힘들어지며 머리가 무겁고 어지럽기도 한 이상한 증상들이 나타났다. 이유를 몰라 여기저기 헤매다가 신경과에 가서 MRI 검사를 받았더니 제법 큰 종양이 뇌에 있다는 것이었다. 그것도 대단히 위험한 연수(숨골)라는 위치에 말이다.

    뇌 깊숙한 곳에 있는 연수는 인간의 신체에서 생명과 관련된 중추신경들이 지나고 있는 곳이라 잘못 건드리면 사망하게 된다고 한다. 수술이 잘되어도 그 과정에서 신경을 건드려 손상을 입는 정도에 따라 후유증이나 장애가 남게 된다. 그래서 "조직학적으로는 양성이지만, 임상적으로는 악성"이라는 설명을 들었다. 그래도 악성 종양이 아닌 것은 다행이지만, 워낙 위험해서 종양이 양성이라는 것이 큰 의미가 없다는 얘기였다.

그 진단을 받은 날 이후부터 내 인생 스케줄에 전혀 들어가 있지 않았던 시간을 맞게 된다. 투병과 재활의 지루하고도 힘든 시간은 그렇게 어느 날 갑자기 내 인생 속으로 들어와버렸다. 사실 뇌종양이라는 것이 얼마나 무서운 것인가를 전혀 알지 못했었다. 그냥 수술을 하면 나을 수 있겠지 하는 정도의 생각이었다. 그래서 뇌종양이라는 진단을 받고도 그날 밤 예정되었던 방송을 하러 SRT를 타고 광주까지 가기도 했다.

그런데 너무 위험한 곳이라 수술을 할 수 있을지는 정밀 검사를 해봐야 안다는 얘기를 들었다. 수술하지 않고 그대로 놔두면 돌연사하게 된다는 얘기도 의사 선생님에게 들었다. 비로소 사태의 심각성을 깨닫게 되었다. 뇌종양 환자들의 온라인 카페에 가입해서 회원들이 올린 글도 살펴보았다. 하나같이 고통스럽고 처참한 사연들이었다. 뇌종양이 얼마나 무섭고 치명적인 병인가를 알게 되었다.

그래도 후유증은 남겠지만, 수술을 하면 된다는 얘기를 들었을 때는 천만다행이라는 안도의 마음 뿐이었다. 그래도 수술을 할 수 있다니 얼마나 다행인가. 다가올 시간에 대한 두려움 같은 것은 특별히 없었다. 그냥 담담히 여느 때와 다름없는 평온한 마음으로 수술날을 기다렸다. 그리고 수술장으로 들어가서 팔뚝에 꽂아놓은 주사바늘로 마취주사액이 들어가는 것을 보고는 깊은 잠에 들었다. 깊은 잠을 자고 깨어나면 의사 선생님들이 머릿속에 있는 나쁜 종양을 말끔히 제거해 놓았으리라 믿으면서.

수술은 잘 끝났다. 당초 6~7시간 걸릴 것이라고 들었지만 실제로는 10시간이 걸릴 정도로 힘든 수술이었다. 종양을 떼어내면서 출혈이 심했고 혈압도 위험할 정도로 치솟았다고 한다. 그 시간 수술장 옆 대기실에서 애타게 기다리고 있던 아내와 작은 딸은 시간이 길어지자 걱정을 많이 했다고 나중에 들었다. 긴 시간의 수술이 끝나고 중환자실로 옮겨진 나는 이내 마취에서 깨어났다. 그 순간의 느낌은 아직까지도 잊혀지지 않는다. 종양이 뇌수가 흐르는 길을 막아 뇌압이 올라갔던 머리는 마치 동 터오르는 환한 아침을 맞는 느낌이었다. 그렇게도 무거웠던 머리가 맑은 머리로 돌아온 것이다.

수술은 잘 되었다. 종양은 100% 깨끗하게 제거되었으니 성공한 것이다. 하지만 뇌신경을 건드려 손상시킨 수술이었으니 내 몸은 마치 폭탄이라도 맞은 듯 성한 곳이 없었다. 혀는 마비되어 입 밖으로 나오지도 못하게 되었으니 말을 해도 사람들이 알아듣지 못했다. 그래서 화이트보드를 사다가 필담으로 의사소통을 해야 했다. 식도 괄약근이 열리지 않아 아무것도, 물 한 모금도 삼킬 수 없었다. 나중에 보톡스 시술로 어느 정도 회복될 때까지 8개월 동안 튜브를 통한 경관식으로 식사도 하고 물도 마셔야 했다. 눈에는 복시 증상이 생겨 글자가 두 개로 보이는 것이었다. 그래서 한동안 한쪽 눈을 안대로 가리고 지냈는데, 얼마 후부터 차츰 정상이 되었다.

   움직일 때면 몸통 근육이 조여오는 느낌을 받아 무척 힘들었다. 감각계통의 이상으로 추정된다고 하는데, 뾰족한 방법이 없어서 지금까지도 불편을 느끼며 지낸다. 오랫동안 나를 괴롭힌 것은 수술로 생긴 기립성 저혈압 증상이었다. 혈압조절 기능에 이상이 생겨 걷지 못하는 것은 물론이고 앉기만 해도 의식을 잃고 쓰러지는 일이 반복되었다. 그러니 휠체어도 타지 못하고 병원 베드에 누워서만 지내야 하는 답답한 시간이 있었다. 입에서는 침이 많이 분비되는데 식도가 막혀있으니 대신 기도를 통해 폐로 흘러내려가 폐렴이 계속 걸리는 것이었다. 후유증들이 심해서 서울대병원에만 두 달 넘게 입원해 있었는데, 그 사이 폐렴이 세 번이나 찾아왔다. 계속되는 고열과 호흡곤란이 나를 괴롭혔다. 정말 그때는 이러다가 죽을지도 모른다는 생각이 들었다.

지금은 지난 일이니 이렇게 아무렇지도 않게 쓰고 있지만, 써놓고 보니 정말 병마 앞에서 처절하게 악전고투했다는 생각이 든다. 수술받으러 집을 나서던 날, 아무것도 모르던 나는 열흘 정도 뒤면 돌아오리라 생각했다. 그런데 다시 집으로 돌아와 문턱을 넘기까지 8개월의 시간이 걸렸다. 2개월은 수술한 대학병원에서, 6개월은 재활병원에서 긴 투병과 재활의 시간을 거쳐야 했다.

그런데 참 희한했던 것은 처절했던 그 상황에서도 마음은 평온을 잃지 않았다는 사실이다. 수술날을 기다리던 시간에도, 수술을 받고 만신창이가 된 몸으로 투병과 재활을 하던 시간에도, 불안과 낙담의 정서가 아닌 긍정의 정서가 내 곁에 있음을 느끼곤 했다. 물론 몸은 힘들었다. 그때도 지금도 마찬가지이다. 하지만 인간의 정신은 신체의 조건에 지배당하지 않는다. 그렇다고 이를 악물려 하지는 않았다. 무엇보다 힘이 되었던 것은 나를 살리려고 애를 쓰던 가족들의 사랑이었다. 그때 나에게 병마를 견뎌내고 다시 일어선다는 것은 내 자신을 위한 것이기도 했지만, 나를 살리려고 고생하던 가족들에 대한 보답이기도 했다.

생텍쥐페리의 『인간의 대지』에는 눈 덮인 안데스 산맥에 불시착하여 처절한 사투를 벌이다가 구조된 비행기 조종사 기요메의 얘기가 나온다.

> "내가 살아 있다고 믿는다면, 아내는 내가 걷고 있으리라 생각하겠지. 동료들도 내가 걷고 있으리라 믿을 거야. 그들 모두 날 믿고 있어. 만일 내가 걷지 않는다면, 난 개 같은 놈이 되는 거야."

기요메는 극한의 상황 속에서도 삶을 포기하지 않고 살기 위해 악착같이 계속 걸었다. 자신을 믿고 기다리는 사람들을 위해서였다. 기요메의 마음이 내 마음이었다. 내가 집으로 돌아오기를 간절히 기다리는 가족들이 있었기에, 나는 평온한 마음으로 병마를 견뎌냈고, 많이 건강해진 몸으로 내 발로 걸어서 집 문턱을 다시 넘을 수 있었다. 그 모든 것이 사랑의 힘이었다.

사랑하는 삶의
아름다운 힘

:

    수술을 했던 대학병원을 떠나 재활병원으로 옮겨 6개월가량 입원해 있었다. 수술로 생긴 여러 후유증 때문에 꾸준히 재활 치료를 해야 자기 힘으로 일상을 영위할 수 있을 만큼 회복될 수 있기 때문이었다. 흔히 재활의 골든타임은 수술하고 나서 1년이라고 한다. 이 기간 동안 재활을 위해 집중적인 노력을 기울어야 회복의 속도가 빠르고, 이 기간이 지나고 나면 몇 배의 노력을 기울여도 회복이 더디게 된다는 얘기이다. 그 얘기를 많이 들은 나는, 재활병원에 있으면서 정말 열심히 재활운동을 하면서 몸을 회복시키려고 분투했던 기억이 아직도 생생하다.

재활병원에 입원한 이후 몸의 회복을 위해 연일 강행군을 이어갔다. 남들보다 일찍 기상해서 튜브를 통해 약과 경관식 식사를 먹고는 혼자 복도에 있는 매트에 가서 스트레칭을 한다. 그리고 오전과 오후에 걸쳐 본격 재활 치료 운동에 들어가곤 했다. 나는 운동 치료사에게 힘든 운동을 시켜달라 하고, 운동치료사도 힘든 운동을 시키며 화답했다. 오후가 되면 입고 있던 환자복이 땀으로 흥건히 젖었다. 정식 운동 치료가 끝나고 나서도 혼자 개인 보충 운동을 하곤 했다. 아마 내가 있던 재활병원에서 운동을 가장 열심히 했던 환자였을 것이다.

그때 내가 병원에서 책으로 썼던 투병기 『나를 위해 살기로 했다』에는 이런 말이 나온다.

"나는 내 인생에서 가장 처절하고 힘들었던, 하지만 최선을 다했기에 아름다웠던 이 시간을 결코 잊지 않을 것이다. 고통은 분명 괴롭고 힘든 것이지만, 고통 위에서 피어나는 꽃은 아름답다."

지금도 그때 입원해 있던 병실 얘기를 아내와 나누곤 한다. 재활병원 생활 중 떠오르는 여러 인상적인 기억들이 있지만, 남편의 재활을 위해 헌신적으로 돌보던 배우자들의 모습은 놀라울 정도였다. 그때는 코로나가 없었던 때인지라, 매일 아침 출근해서 하루 종일 남편을 돌보다가 저녁에 퇴근하는 부인 보호자들이 내가 있던 병실에는 많았다. 원래는 간호-간병 통합시스템으로 운영되는 병원이라 보호자들이 상주하지 않아도 되었다. 하지만 환자의 상태가 가족의 돌봄을 필요로 할 경우 예외로 인정되어 그런 간병이 허락된다. 예를 들면, 전신이 마비되어 거동이 불가능한 환자, 인지장애가 생겨서 병원의 공동 간병인이 감당하기가 불가능한 환자, 그리고 나같이 기립성 저혈압으로 자주 실신을 하거나 연하장애 때문에 식사와 투약의 과정이 복잡하고 조심스러운 경우도 가족의 직접 돌봄이 필요한 환자로 인정받았다. 그러다 보니 내가 있던 병실에는 부인들이 매일 출퇴근하며 지극 정성으로 돌보는 환자들만 모여 있게 된 것이다. 나는 처음에는 "대한민국 부인들이 다들 이렇게 남편들 병 간호에 헌신적인가. 좀 대단한 것 같네", 그런 얘기를 아내에게 하곤 했었다.

그런데 물론 다들 그런 것은 아니었다. 입원만 시켜놓고 한 번도 와보지 않는 남녀 배우자들의 얘기도 다른 병실들에는 적지 않게 있었다. 사람들이 모여 사는 세상이란 그렇게 정반대의 광경들이 존재한다. 사실 재활병원에서의 간병과 돌봄은 대단한 인내를 필요로 하는 경우가 많다. 장애가 생겨서 거동이 자유롭지 못한 환자들 돌보는 일은 쉽지 않다. 재활병원에 있을 때 내 베드 맞은 편에는 뇌졸중으로 쓰러진 이후 인지장애가 생긴 할아버지가 입원해 있었다. 그런데 불안증이 있어서 하루종일 왔다갔다 하면서 뭔가 하지를 않으면 견디지를 못한다. 물통을 들고는 10분 간격으로 물을 떠러 화장실에 왔다갔다 드나든다. 보호자나 간병인들이 잠시라도 방심하는 사이에, 할아버지는 병실 밖으로 나가 엉뚱한 곳에 가 있었다. 그러니 보호자들이 하루 24시간 눈을 떼지를 못한다. 그래서 배우자, 아들, 딸이 교대하며 매일 하루 24시간 옆에 붙어있는 것을 지켜보았다. 어머니가 밤까지 새면서 돌보기는 벅차니까 밤이 되면 직장에서 퇴근한 자식들이 교대해서 밤을 새운다. 정말 어지간한 지극정성 아니면 감당하기 어려운 간병 생활이다.

　문제는 그런 생활이 한두 달로 끝나는 것이 아니라 기약없이 계속되어야 할 상황이라는 점이다. 나는 그 병실에서 여섯 달 있다가 퇴원했기에, 그 뒤로 그 가족들이 어느 곳으로 옮겨 어떻게 살아가고 있는지 알지 못한다. 다만 다른 병원으로 갔더라도, 그 할아버지를 포기하지 않았을테니 고생스러운 생활은 계속되고 있으리라 짐작만 할 뿐이다. 아무리 세상이 전과 같지 않다고들 하지만, 어떻게든 가족을 병상에서 일으켜 세우려는 가족들의 정성은 이렇게 대단한 것이었다. 세상에 이처럼 숭고한 마음이 어디에 또 있을까.

마침 병원에서 나온 이후 내가 뒤늦게 본 영화 〈뷰티풀 마인드〉도 병에 걸린 남편을 구원해낸 부인의 헌신적인 사랑의 얘기였다. 론 하워드 감독의 이 영화에는 러셀 크로우(존 내쉬 역)와 제니퍼 코넬리(알리시아 내쉬 역)가 출연한다. 균형이론을 만들어 스타가 된 수학의 천재 존 내쉬는 MIT 교수로 재직하며 냉전시대 소련의 암호해독 프로젝트에 참여한다. 하지만 그는 암호해독을 하면서 가상의 인물 윌리엄 파처(애드 해리슨)를 만나게 되고 결국 소련군이 자신을 위협한다는 망상에 빠지게 된다. 보이지 않는 것이 보이는 망상, 환상을 보게 되는 조현병은 그의 정신과 영혼을 파괴하며 고통에 빠뜨린다.

하지만 존은 자신의 병을 제대로 모른 채 제자 알리시아와 사랑에 빠져 결혼을 한다. 그런데 존의 조현병은 점차 심해져서 결혼생활은 위기를 맞는다. 하지만 아내 알리시아는 존을 정신병원에 입원시켜 치료를 받게 하고 정상적인 생활이 가능하도록 헌신적으로 돌본다. 마침내 프린스턴대에서 교수 생활로 복귀한 존은 노벨상 경제학상 수상이라는 영예를 얻게 된다. 존의 회복에는 아내의 사랑만 있었던 것은 아니다. 경쟁자이자 동료였던 마틴, 그리고 주변 교수들의 관심도 존이 회복하고 일상의 삶을 유지할 수 있도록 큰 도움을 주었다. 부부 혹은 동료들 사이의 사랑을 통해 서로가 성장하고 회복되는 '뷰티풀 마인드'에 대한 영화이다. 영화의 마지막은 노벨 경제학상을 받는 자리에서 존이 담담하게 소감을 말하는 장면이다.

"난 항상 숫자를 믿었습니다. 추론을 이끌어내는 방정식과 논리를 믿었죠. 하지만 그런 것을 평생 추구하고 난 후 난 질문합니다. 진정한 논리란 무엇입니까? 누가 추론을 결정합니까? 나의 탐구심은 나를 육체적, 형이상학적 망상에 데려갔다가 제자리에 돌려놓았습니다. 그리고 나는 내 경력 중에서 가장 중요한 발견을 했습니다. 내 삶의 가장 중요한 발견입니다. 그것은 어떤 논리적인 추론도 찾아볼 수 없는 사랑이라는 신비한 방정식 안에만 존재합니다. 오늘 밤 오직 당신 덕에 여기에 있습니다. 당신은 나의 존재 이유입니다. 당신은 나의 모든 이유입니다. 고마워요."

존은 그렇게 아내의 헌신적 사랑에 고마움을 말했다. 나도 재활병원에서 만났던 사람들이 떠올랐다. 물론 내 경우도 마찬가지였다.

병상에서
책을 썼던 이유

　　수술한 서울대병원에서 2개월 넘게 입원해 있었다. 대학병원에서는 어지간한 환자들은 수술하고 일주일 이내에 퇴원시킨다. 워낙 많은 환자들이 대기하기에 그렇게 해야 병실이 나기 때문이다. 그런데 내 경우는 후유증이 워낙 심해서 그 상태로는 재활병원으로 보낼 수도 없기에 치료를 더 해야 한다는 판단에서 그렇게 된 것이었다. 대형병원에서의 치료를 요하는 증상들이 어느 정도는 잡힌 이후에야 재활병원으로 전원할 수 있었다. 그때 집도 아닌 재활병원으로 가는 것이 어찌나 기뻤던지. 지금 생각하면 재활병원 생활도 갑갑하기 이를 데 없는 끔찍한 일인데, 그때는 그래도 병실의 개방감이 있는 재활병원 가는 날을 기다렸으니 말이다.

　재활병원에서의 하루하루는 무척 분주했다. 아침 일찍 기상하여, 식도가 막혀 물과 약을 삼킬 수 없었으니 경관식 튜브로 유동식을 하고 약을 먹는 일로 하루를 시작한다. 경관식 식사는 한 방울 한 방울씩 튜브로 떨어지는 거라, 식사 한번 할 때마다 한 시간씩 걸리곤 했다. 거기에다 시간표에 따라 매일 5~6개씩의 재활치료를 받느라 오가고, 일과 후에는 운동치료실에 내려가 개인 재활운동을 더 하다 보면 하루가 훌쩍 지나간다.

　그 와중에 나는 병상에서 한 권의 책을 썼다. 사실 재활병원에서 책쓰기를 시작하기 이전에도 서울대병원에서도 치료를 받는 와중에 글쓰기를 이미 계속하고 있었다. 수술하고 이틀 만에 중환자실 병상에 누워 페이스북에 장문의 글을 올렸다. 내 상태를 걱정하는 분들에게 수술이 끝났다는 인사와 함께 이런저런 소회들을 기록하고 싶었다. 중환자실 베드에 누워 폰에다가 한자 한자 입력해서 글을 썼다. 하지만 이런저런 후유증들 때문에 아직 위험한 상태가 지나간 것도 아닌데 회복에 전념하지 않고 글을 쓰는 나를 아내는 걱정하며 만류했다. 매체에 정식으로 글을 쓰기 시작한 것은 두 달 정도 지나 몸이 어느 정도 추슬러지고 난 뒤에 의사 선생님의 허락을 받고 나서였다. 4월 중순 무렵

〈시사저널〉에 격주로 칼럼 연재를 시작했다. 그때도 노트북이 병실에 없어서 첫 칼럼은 누워서 휴대폰을 붙잡고 워드 앱에 한 글자씩 써내려갔다.

사람은 참 신기한 것이, 극한의 상황에 처했을 때 감성이 가장 예민해지고 사유의 촉이 발달한다. 삶의 고통을 온몸으로 받아낸 작가가 살아있는 글을 쓰고, 우울증에 걸린 철학자나 예술가들이 뛰어난 생각과 작품을 남기는 이유도 그런 것일 게다. 극한의 상황은 인간의 촉을 깨어있게 만든다. 그리고 자신에게 주어진 상황을 어떻게 받아들일 것인가를 생각하며 자신의 존재에 대한 사유를 하도록 이끈다.

나도 그때 참 생각이 많았다. 호흡을 제대로 하기 어려운 힘든 상황과 싸우면서, 언제 끝날지 모르는 병실생활을 하면서, 자신의 몸이 어디까지 정상을 되찾을 수 있을지 전혀 알 수 없던 상황에서, 자신의 삶에 대해 많은 생각을 했다. 예고 없이 갑작스럽게 들이닥친 내 시련의 상황을 어떻게 받아들일 것인지, 앞으로 무엇을 하며 어떤 삶을 살아야 할 것인지, 아니 어떤 삶을 살고 싶은지, 그리고 그런 소망을 이루기 위해 무엇을 할 수 있을 것인지…. 하루 일과가 끝나고 불이 꺼진 고요한 병실은 내게는 그런 사유의 공간이기도 했다.

그때 떠오르는 여러 생각들을 기록하고 싶었다. 고통스럽지만 평생 잊을 수 없는 시간의 기록들이 될 것이었기 때문이다. 그래서 병실 침상의 밥상으로 쓰이는 작은 테이블을 펴놓고는 노트북에 한 글자 한 글자 입력해 나갔다. 한 글자 한 글자 꾹꾹 눌러쓰는 마음으로 투병과 재활의 얘기들을 썼고, 퇴원을 앞두고 한 권의 책으로 낼 수 있었다. 다시 책을 쓰고 낼 수 있는 사람이 된 것이다. 죽을지도 모른다고 생각했는데, 이런 행운이란.

사실 병상에서의 글쓰기는 매우 힘들고 불편한 일이다. 집중도 어렵고 밥상을 펴고 글을 써야 하니 자세가 불편해서 조금만 지나면 허리도 아프다. 몸이 충분히 회복되지 않고 체력이 떨어져 있던 상태라, 그것도 병원 침상에 앉아 장시간 글을 쓰기는 힘들었다. 침상 위에서 다리를 폈다 오므렸다 하지만, 한 시간이 되기도 전에 힘들어져서 쉬어야 했다. 때로는 간호사가 와서 너무 무리하지 말고 쉬라고 권유를 하기도 했다. 그런데도 틈만 나면 노트북을 폈다.

병상에서 병을 상대하는 것만도 벅찼을텐데 어째서 나는 그렇게까지 글을 쓰려고 했던 것일까. 그때 냈던 투병기에서 나는 이렇게 말하고 있었다.

"글을 쓰는 과정은 나 자신이 살아서 존재함을 확인하

는 과정이었다. 사람마다 힘을 만들어 내는 방식은 다르다. 병상에서는 다른 생각 하지 않고 치료에만 집중하는 것이 최선인 사람이 많겠지만, 내 경우는 글을 씀으로써 힘을 만들어낸다. 그러니까 글 쓰는 행위가 육체적 건강에도 도움을 준다고 믿고 있다. 내 힘의 마중물인 셈이다. '나는 쓴다. 고로 존재한다.'"

그때 내가 병상에서 책을 낸 사실이 알려져서 몇 군데 언론과 인터뷰를 하기도 했는데, 〈한겨레〉와의 인터뷰에서는 이런 말을 했던 기사가 남아있다.

"지난 몇 개월 죽을 고비를 몇 번 넘기고 목숨을 건졌죠. 살아있다는 내 존재를 확인하고 싶었어요. 병마 앞에 무기력하게 포로가 되는 것보다 나의 것을 놓지 않고 생활하는 게 바로 나의 힘을 만들 수 있다고 생각했어요. 자존감을 지키려는 마음이죠."

오랫동안 병실에 있으면서 내게는 시련을 이겨낼 강한 의지, 그리고 앞으로의 새로운 삶을 위한 다짐이 필요했고, 글쓰기는 바로 그러한 시간이었다.

내가 투병하기 이전의 시간에 한동안 철학자 니체를 읽어가며 공부한 때가 있었다. 니체는 평생 정신질환이라는 병마와 싸웠다. 어찌할 수 없는 고독감과 극심한 육체적 고통 속에서도 그는 저작에 몰두하는 삶의 힘을 보여주었다.

그는 1881년에 출간된 『아침놀』을 쓰던 때를 이렇게 기억하고 있다.

> "힘들게 위액을 토하게 하는 사흘 동안 지속되던 편두통의 고문에 시달리는 와중에-나는 변증론자의 탁월한 명석함을 갖추고 있었으며, 사물에 대해 아주 냉정하게 숙고했다. 그보다 양호한 상태였더라면 나는 그렇게 숙고하지 못했을 것이고, 그럴 수 있을 만큼 충분히 예리하지도 냉정하지도 못했을 것이다."
>
> 프리드리히 니체, 『이 사람을 보라』

건강은 계속 악화되었지만 니체의 저작활동은 오히려 절정을 향해 달려갔다. 1887년 『도덕의 계보』를 완성한 니체는 1888년 들어 생의 최고의 작품 생산기를 구가한다. 『바그너의 경우』, 『디오니소스 송가』, 『우상의 황혼』, 『안티크리스트』, 『이 사람을 보라』, 『니체 대 바그너』라는 여섯 개의 작품을 한 해에 써내는 저작활동의 절정기를 보낸다. 육체적 고통 속에서도 철학에 대한 투혼을 불살랐던 니체였다. 그가 1889년 알베르토 광장에 말의 목을 안고 쓰러진 것은 마지막 작품인 『디오니소스 송가』를 완성하여 교열을 보고 난 직후였다. 그 뒤 니체는 정신병원에 감금되다시피 입원생활을 하게 되고 이듬해에 사망한다.

그의 사후에 출판된 『나의 여동생과 나』에서 니체는 자신의 생을 이렇게 회고한다. "나의 일평생은 '자유'와 '숙명'이 벌이는 결투였고, '신이 되려는 나의 욕망'과 '한 마리 벌레로 남아야 할 숙명'이 벌이는 결투였다." 니체에게 고통은 살아있다는 증거였다.

그런 니체의 삶과 견줄 만한 것이 고흐의 생애다. 37세의 젊은 나이에 세상을 떠난 고흐 역시 평생 고독과 투병의 고통 속에서도 굴하지 않고 작품 활동에 삶을 불태운 화가였다. 지독한 가난에서 벗어나지 못하면서도 그림에 대한 열정이 식을 줄 몰랐던 고흐의 일생은 동생 테오에게 보낸 편지들에 생생히 담겨있다. 그가 동생에게 보낸 편지마다 가난에 대한 고백, 도와달라는 부탁, 그리고 그와 가족에 대한 미안함이 반복된다. 그러면서도 그림에 대한 변함없는 의지를 다짐하곤 한다.

> "나는 지금 내가 선택한 길을 계속 가야 한다. 아무것도 하지 않는다면, 아무것도 공부하지 않고 노력을 멈춘다면, 나는 패배하고 만다. 묵묵히 한길을 가면 무언가 얻는다는 게 내 생각이다."
>
> 1880년 7월 편지

정신병원을 드나들면서도 고흐는 "삶은 이런 식으로 지나가버리고 흘러간 시간은 되돌아오지 않는다. 일할 수 있는 기회도 한번 가면 되돌아오지 않는다는 것을 알기 때문에 맹렬히 작업하고 있다. 나의 경우 더 심한 발작이 일어난다면 그림 그리는 능력이 파괴되어 버릴지도 모른다"며 마지막까지 그림에 대한 사랑과 걱정을 간직했다. 그랬던 고흐였지만, 1890년 스스로 가슴에 총을 쏘고 고통스러웠던 세상을 마감한다. 니체나 고흐 모두 극심한 육체적, 정신적 고통 속에서도 저작과 작품에 대한 열정을 놓지 않았던 인물들이다.

인간은 생각보다 끈질기고 강한 존재이다. 누구나 살다 보면 예상하지 못했던 시련에 봉착할 때가 인생에 몇 번쯤은 있다. 돌아보니 나도 그러했다. 그때 그 난관을 어떻게 견디고 이겨내는가에 따라 인생의 남은 시간을 끌고 가는 힘이 만들어질 수 있다. 투병의 시간 속에서 앞날을 두려워하거나 불안해하지 않았던 것 같다. 대신 담담하게 자신의 생각들을 기록하고 정리해서 책으로 냈던 자신의 모습은 두고두고 인생의 힘으로 남게 되었다.

인생 여행으로 남은
제주 한 달 살기

⋮

병원에 입원해 있을 때 아내가 꺼냈던 말이 있었다. "몸이 회복되고 퇴원하고 나면 제주에 가서 몇 달 지내다가 오자." 생각보다 후유증이 심해 병원에서 투병 생활을 오래 하다보니 언제나 퇴원해서 그럴 수 있을지 알기 어려웠지만, 우리 부부는 그러기로 약속했다. 아내는 오랜 병원생활이 힘들까봐 나에게 그런 당근을 구두 선물로 준 것이다. 사람이 어려운 상황에 처해 견뎌내야 할 때 그런 소소한 희망이 버팀목이 되어주는 경우가 있다. 그때 내게 제주 한 달 살기의 희망이 그런 것이었을지도 모르겠다.

우여곡절 끝에 8개월 만에 가까스로 퇴원을 하게 되어

집으로 돌아왔지만, 제주행을 결심하기까지는 시간이 좀 걸렸다. 막상 떠나려니 이것저것 걸리는 문제들도 있었고, 무엇보다 연하장애가 언제 다시 악화될지 모른데 따른 걱정이 있었다. 식도가 열리지 않아 음식을 삼킬 수 없게 된 장애가 보톡스 시술의 효과로 일단 부드러운 음식을 삼킬 수 있을 정도로는 회복되었지만, 약효가 떨어지고 나면 언제 다시 식도가 닫혀버릴지 알 수 없는 상황이었다. 병원에서는 계속 지켜보자 하고, 사람마다 예후가 다르니 예상하기가 어려웠다. 그렇다고 제주에 가면서 경관식을 대비한 도구들까지 챙겨갈 수도 없는 노릇이고, 고심 끝에 이러다가는 제주 한 달 살기를 영영 못하겠다는 생각이 들어 그냥 진행하기로 했다. 다행히 그 뒤로, 아직까지도 식도는 다시 닫히지 않았다. 입과 목을 거쳐 음식을 먹을 수 있다는 게 이렇게도 다행스럽고 고마운 일인지는, 살면서 상상도 하지 못했었다.

먼저 가성비 좋은 숙소를 찾기 위해 많은 곳들을 검색하고 문의도 했다. 네이버에 있는 '제주에서 한 달 살기' 카페에도 가입해 마땅한 숙소를 알아보기도 하고, 위치와 가격 조건이 맞는 곳을 발견하면 직접 상담하기를 여러 번 한 끝에 서귀포 쪽에 있는 펜션의 2인용 원룸을 한 달 동안 사용하기로 예약을 했다. 제주에는 한 달 살기를 위한 숙소들이 제법 있어서 단기 여행과 비교하면 싼 가격에 숙소를 구할 수가 있다. 단, 가성비도 좋고 깨끗하고 위치도 좋은 숙소를 구하려면 그만큼 검색의 노력을 기울여야 한다.

그리고 제주에서 한 달 살기를 할 때는 렌터카를 이용하는 것보다는 자기 차를 갖고 가는 것이 여러모로 낫다. 우선 비용 면에서 큰 차이가 난다. 한 달 동안 차를 렌트하려면 비용이 상당히 많이 든다. 렌터카는 여러 가지로 불편하기도 하다. 다소 번거롭더라도 내 차를 갖고 가는 것이 한 달 살기에는 편하다. 더 현실적인 문제는, 한 달 살기를 떠날 때 일반적인 여행과는 다른 것이, 짐이 무척 많다는 점이다. 그래서 자기 차에다가 짐을 가득 싣고는 직접 운전하면서 가는 것이 낫다. 우리는 차에다가 에어프라이어까지 싣고 간 덕분에, 서귀포 올레시장에 들러 물 좋은 갈치, 고등어 같은 생선들을 사서 구워먹곤 했다. 음식점에서 사먹는 것보다 가성비도, 맛도 훨씬 훌륭했음은 물론이다.

문제는 운전하면서 제주까지 가려면 시간도 많이 걸리고 장시간 운전하느라 힘이 든다는 사실이다. 그래서 아예 집에까지 와서 차를 받아 가지고는 자기들이 운전해서 제주공항이나 제주항에서 넘겨주는 탁송업체들이 있다. 목포까지 운전하고 다시 차를 배에 싣고 가기가 너무 힘들면 몇

십만 원의 비용을 지불하고 그냥 비행기를 타고 몸만 가면 된다.

　우리는 기꺼이 차를 직접 운전하고 배를 타고 제주로 가기로 했다. 헝그리 정신을 보유한 부부였기에 목포까지 이것저것 구경하면서 가고 배도 한번 타보는 거지, 뭐 몇십만 원 들이면서 그럴 필요 있느냐는 생각이었다. 그런데 당시 나는 몸 상태가 운전을 전혀 할 수 없는 때였다. 퇴원한 지 얼마 되지도 않아서 몸의 실시간 대응능력도 떨어지고, 목도 좌우로 제대로 돌아가지 않아 운전을 하는 것이 무리였다. 가끔씩 혈압이 떨어져 정신을 잃기도 했으니 혹여 운전하다가 그러면 큰일 날 상황이기도 했다. 그래서 운전은 오롯이 아내의 몫이었으니, 직접 운전하면서 갈지를 판단하는 주체도 아내였다. 아내는 "내가 운전하면 돼"라고 대수롭지 않은 듯 호언장담했다.

　마침내 아내가 운전대를 잡고는 일단 제주가는 배를 타러 목포로 떠났다. 가는 길에 군산에 들러 유명한 '이성당'과 '영국빵집'에서 맛있는 빵들을 엄청 많이 샀다. 내가 연하장애가 막 회복되어 그동안 먹지 못했던 맛있는 것들에 욕심을 낼 때였고, 더욱이 빵은 삼켜지기도 잘하니 잔뜩 사서 차에 싣고는 제주 가는 내내 먹었다. 군산의 이곳저곳 구경도 하고, 저녁에 목포에 도착해서는 목포 야경도 구경한 뒤 작은 호텔에서 하룻밤 묵었다. 그런데 배를 타고 제주까지 가는 것이 보통 일은 아니었다. 꼭두새벽에 일어나 항구에 가서 차를 먼저 배에 싣고는 객실에 들어가 앉았는데, 3시간 반 동안 배를 타고 가는 것이 무척 힘들었다. 나도 아직 몸 상태가 부실한 때라 배를 타고 가는 동안 무척 힘들었고, 아내도 장시간 배를 타는 것을 힘들어했다. "아, 이럴 거면 몇십만 원 주고 탁송업체에 차를 맡길 걸 그랬나 보다" 후회를 하기도 했다.

  목포가는 동안에도, 제주에 내려서 숙소까지 가는데도, 장시간 운전하는 고생은 전적으로 아내의 몫이었다. 나는 그저 차 조수석에 앉아 네비나 조정하고 있었다. 제주항에서 산길 도로를 거쳐 서귀포에 있는 숙소에 마침내 도착했을 때 아내는 말 그대로 탈진 상태가 되었다. 내가 빨리 몸이 좋아져서 예전처럼 서로 번갈아가며 운전을 해야 할텐데, 그런 생각을 했다. 내가 할 수 있는 것은 "혼자 고생시켜서 미안해. 빨리 더 몸이 좋아지도록 할게"라고 말하는 것뿐이었다.

  차를 몰고 가는 길은 제법 힘들었지만, 예약했던 숙소에 도착하고 나니 세상이 다르게 보였다. 3층짜리 펜션 마당에는 잔디가 깔려 있었고, 저 멀리 바다에는 범섬이 보였다. 5분만 가면 올레길 7코스로 연결되어 바로 외돌개가 나온다. 이곳에서 한 달을 지낸다니, 꿈만 같은 생각이 들었다. 정말 잘 왔구나. 죽지 않고 살아난 것은 정말 잘된 일이었구나. 절로 그런 생각이 들었다.

우리 부부가 서귀포로 숙소를 잡았던 것은 겨울철이라 포근한 곳에 있어야 좀 더 많이 걸을 수 있으리라는 판단에서였다. 제주는 특히 겨울에는 한라산 북쪽과 남쪽의 기온 차이가 제법 있다. 실제로 우리가 서귀포에서 지냈던 때가 11월 하순부터 12월 하순까지의 기간이었는데, 마치 봄날처럼 포근한 날들이 이어져 걷기에 더없이 좋았다. 그래서 정말 많이 걸었다. 올레길이며 숲길이며 한적한 마을 길이며, 가리지 않고 걷고 또 걸었다. "요양 온 것이 아니라 전지훈련을 온 것 같다."는 말이 내 입에서 나오곤 했다. 때로는 걷기에 힘들어하기도 하고 지겨워하기도 하는 나를, 아내는 때로는 달래다시피 하면서 많이 걷도록 이끌었다. 그 시기에 많이 걸을수록 내 몸의 회복이 빨라질 것임을 믿었기 때문이었다.

제주에서 지내면서 올레길도 많이 걸었지만 서귀포 치유의 숲, 사려니 숲길, 비자림 같은 숲길들을 자주 걷곤 했다. 나무에서 뿜어져 나오는 피톤치드가 뇌에 좋다는 얘기를 들어서였다. 수술로 손상된 뇌 신경세포들이 빨리 치유되기를 빌면서 숲기운을 쐬기 위해 심호흡을 하면서 걸었다.

"숨 좀 크게 들이마셔. 뇌세포들 살아나게."

"자, 마신다. 휴~"

그러면서 함께 걸었다. 치유의 숲에 가면 숲속에 누워서 쉴 수 있는 긴 의자도 있다. 초겨울의 평일, 사람도 몇 없는 한적한 숲속의 의자에 누워 푸른 하늘을 바라보면서 피톤치드를 마음껏 들이마셨다.

그렇게 먼 곳으로 와서 세상을 저만큼 거리를 두고 건너다 보고, 세상은 나를 잊고, 고요하기 이를 데 없는 이런 삶도 괜찮을 것 같다는 느낌이 들었다. 중국의 시인 쑤리밍의 글에서 "진정한 시인에게 조용함은 필수불가결한 품성이다"라는 말을 읽은 기억이 났다. 나는 시인은 아니지만 조용한 내 품성대로 살 수 있는 삶을 그려왔다. 그것이 건강을 잃은 상황에 의한 불가피한 선택인지, 아니면 내가 본시 살고 싶었던 삶인지는 구분하기 어려웠지만, 그 고즈넉한 시간이 더없이 좋다는 것만은 이미 내 몸이 알려주고 있었다. 아예 제주에 와서 살면 어떨까. 한 달 살기를 하면서 몇 번을 진지하게 했던 생각이었다. 물론 여러 가지 현실적 이유 때문에 그렇게 하지는 못했지만, 제주는 내게 그 정도로 힐링을 주는 좋은 곳이었다. 8개월 동안 병원생활을 하면서 지쳤던 마음이 이렇게 조금은 풀리는구나 싶었다.

역시 자주 갔던 비자림은 숨겨진 정원 같은 곳이었다. 비자림 숲길에서는 떨어져 있는 비자나무 열매 몇 개를 주워 코에 대고 걸으면서 비자향을 킁킁대며 맡았다. 내가 냄새 맡으라고 아내가 비자 열매들을 주워 차 안에도 몇 개 갖다 놓으니 비자향이 제법 났다. 비자향은 뇌 중추신경 치유에 좋다고 한다. 효과는 모르겠지만, 정성이라 생각하면 마음이 편해진다. 뇌를 열고 수술한 영향은 여전히 내 몸 곳곳에 남아있었다. 숲이 나를 도와주기를 바라는 간절한 마음으로 숲길을 걷고 또 걸었다. 천년의 세월을 견디며 바위에 기어코 뿌리를 내리고 살아있는 비자나무 앞에는 이런 글이 쓰여져 있었다.

"이곳을 보면 생명이 얼마나 존귀한 것인지 느끼게 한다. 기나긴 모진 세월 매우 열악한 환경 속에서도 뿌리를 내려 주위 나무들과 경쟁하면서 꿋꿋이 서 있는 모습이 당당해 보이며 우리에게 시사하는 바가 크다. 식물이 살아갈 수 없는 바위 돌 틈에 뿌리를 내려 살아가는 저 모습을 보면 우리들 마음이 엄숙해진다."

모진 세월을 이겨내어 꿋꿋하고 당당한 모습의 비자나

무 같은 인간이 되기를 그 앞에서 빌었다.

　제주에서의 하루하루는 제법 분주했다. 아침을 숙소에서 차려 먹고 늦지 않은 시간에 숙소를 나서서 마음 가는 대로 이곳저곳 다녔다. 해안도로를 따라 차를 몰다가 풍경이 좋은 곳을 만나면 차를 세우고 바다 올레길을 걷다가 다시 차로 돌아오기를 반복했다. 우리 부부가 제주에 가면 흔히 다니는 방식이다. 동선을 미리 다 정해놓지 않고 다니다가 좋은 곳이 눈에 띄면 내려서 걷고, 그래서 배고프면 먹고, 다시 걷고, 힘들면 카페에 들어가 쉬면서 힘을 보충하고. 꽉 짜여진 것 없이 자유롭게 다니면서도 알차게 다니게 된다. 만족도가 매우 높은 우리만의 방식이다.

　원래 아내는 한적한 마을 길 걷기를 좋아했다. 그런 게 별로였던 나도 투병의 시간을 거친 이후로 많이 걸으면서 그런 길을 걷는 게 무척 좋아졌다. 그래서 제주 바닷가 포구의 한적한 마을 길을 함께 걷는 게 지금도 참 좋다. 아내는 자기와 나의 여행 컨셉이 비로소 같아진 것이 마음에 드는 듯하다. 대신 바다뷰 카페에서 멍때리기가 별로였던 아내는 나를 따라다니다 보니 함께 좋아하게 되었다. 처음에는 서로 다른 점이 눈에 많이 들어오니 적응하느라 티격태격하기도 하고 서로 맞추려고 노력하며 살다가, 말년에 가까워지면 노력이고 뭐고 할 것 없이 그냥 비슷해지는 게 부부의 인생인 것 같다.

　제주에서 한 달을 살아보니, 며칠 다니며 건성으로 둘러보던 때와는 전혀 달랐다. 훨씬 많은 시간을 갖고 구석구석을 살피며 다니니 제주 곳곳의 아름다움이 비로소 새롭게 눈에 들어왔다. 여러분도 기회가 닿으면, 아니 어떻게든 기회를 만들어서 제주 한 달 살기에 도전해 보시기를 권해 드린다. 비용이 많이 든다고? 생각만큼 그렇게 큰돈 들지 않는다. 한 달씩이나 집을 비우기 어렵다고? 진심을 갖고 마음먹으면 안 되는 일이 세상에 어디 있겠나. 하긴 나도 평생 엄두도 내지 못했던 일을, 아프고 나서 한적한 삶으로 돌아오고 나니 비로소 하게 된 셈이기는 하다. 현실적인 여러 제약들을 무릅쓰고 일단 제주로 떠나 보시라. 참 잘했다는 생각이 이내 들 것이다.

　제주 한 달 살기 얘기가 너무 길어졌다. 인생 여행이라 두고두고 기억에 남아있어서 그렇다.

동네 방역근로를 하고
받아 든 급여명세서

　제주 한 달 살기를 끝내고 집으로 돌아와서 동네에 있는 탄천길을 많이 걸었다. 어떻게든 쉬지않고 많이 걸어야 몸의 상태가 좋아지고 다리에 근육도 생길 것이라 믿고 그리했다.

　마침 내가 살던 아파트 바로 근처에 탄천길이 있어서 무척 다행이었다. 탄천을 따라서 쭉 나있는 산책길을 걷다 보면 이내 몇 km 정도는 걸어서 오가게 된다. 걸으면서 탄천을 흐르는 물도 보고, 놀고 있는 오리와 왜가리, 황새들을 보노라면 지루한 줄 모르고 저 멀리까지 가게 된다. 분당의 야탑동에서 시작해서 서현동이나 정자동까지 종종 왕복 걷기를 하곤 했다. 그렇게 걸으면 집에서 오가는데 5~8km 정도의 거리를 걷게 되는 것 같았다.

내가 아프고 나니까 어디서 탄천길이 갑자기 생겨난 것은 아니었다. 그 이전까지는 그런 좋은 길이 있어도, 뭐가 그리 바쁘게 살았는지 쳐다보지도 않고 살던 길이 그렇게도 요긴하고 고마운 길이 되었던 것이다. 우리는 살면서 소중한 것들을 바로 옆에 두고 살면서도 그것의 고마움을 모르곤 한다. 아내도 아이들도, 그리고 아름다운 탄천길, 모두가 그런 소중한 것들이었다. 이제라도 내게 소중한 것들이 무엇인가를 깨닫고 감사한 마음을 갖는 일은, 늦었지만 다행스러운 일이었다. 앞으로 어디로 이사를 가더라도, 꼭 걷기를 할 산책길이 있는 곳에서 살아야겠다는 생각을 갖게 되었다. 그래서 지금은 그런 좋은 산책길이 있는 곳으로 이사를 와서 살고 있다.

그렇게 탄천길을 걸을 수 있는 것도 고마운 일이었지만, 이제 막 몸을 추스른 나로서는 더 많이 몸을 움직이는 것이 필요했다. 가능하면 일상에서 몸을 많이 움직여야 몸의 회복이 그만큼 빨라질 것이었기 때문이다. 무엇보다 사람이 일을 해야지, 집안에 갇혀서 하루하루 보내는 생활은 자신을 무기력하게 만들 것임을 내다볼 수 있었다.

그런 생각을 하던 무렵 접하게 된 것이 '지역 일자리 사업' 모집 공고였다. 하루는 아내와 함께 집에 있는데 아파트 관리사무소에서 안내 방송을 하는 것이었다. 주민센터에서 공공근로와 지역 일자리 사업 신청자를 받고 있으니 원하는 사람은 신청하시라는 내용이었다. 평생 책상에 앉아 무엇인가를 쓰고 정리하는 일만 해왔으니, 나와 상관없는 일이라고 생각하여 한 귀로 듣고 그냥 넘겼다. 그런데 같이 들은 아내가 신청해 보라고 권하는 것이었다.

"저거 신청자 미달이라서 방송까지 하는 것 같은데, 알아보고 신청해봐."

"내가? 저런 거 한 번도 안 해봤는데, 나 같은 사람이 할 수나 있으려나…"

처음에는 "에이, 무슨 일인지도 모르는데 내가 무슨…" 하고 웃어넘겼는데, 아내는 재차 권하며 자세히 알아보자고 하는 것이었다. 그래서 주민센터 홈페이지에 들어가서 모집공고를 살펴보았다. 기간은 5월 중순부터 8월 중순까지 3개월 정도 되었고, 하루 6시간씩 주5일제 근무, 시급으로 계산하니 교통비와 간식비를 합해서 월 130만원 정도를 받을 수 있었다. 하는 일이 구체적으로 무엇인지는 자세히 알 수 없었지만, 대략 코로나 방역활동과 동네 환경미화라고 써 있었다. 원래 취약계층을 위한 공공근로는 따로 운영되어 왔고 비교적 강도가 높은 대신 급여는 많은 일자리였다. 그에 비해 내가 신청한 방역 일자리는 코로나 사태로 일자리를 잃은 사람들을 위해 한시적으로 만들어진 사업이라, 비교적 일의 강도가 높지는 않은 차이가 있었다.

주민센터에 가서 신청서를 받아 이것저것 기재한 뒤에 접수를 했다. 며칠 후에 선발되었다는 문자 통보가 왔고 출근을 하게 되었다. 첫날 가보니 20명이 넘는 참가자들이 모였고 4~5명씩 묶어 조를 편성했다. 각 조가 맡은 담당 구역도 정해졌다. 나보다 나이 많고 다리 장애가 있는 아저씨, 중년의 두 아주머니와 함께 같은 조가 되었다. 아파트 단지들 사이의 길들, 동네 공원과 그 주위 길을 돌면서 청소하고 쓰레기를 줍는 일이 주된 업무였다. 함께 돌면서 쓰레기 줍기를 같이 할 때도 있었고, 구역을 나누어 각자 자기 구역 청소를 하기도 했다.

본래의 사업 목적이 코로나 방역활동이었기에, 요청이 오는 학교가 있으면 정해진 요일에 가서 학교 건물 안 곳곳을 소독하는 일도 했다. 어깨에 메고 다니는 방역소독기를 한 번도 사용해 본적이 없어서, 통 안에 소독약을 넣는 방법, 소독약을 분사하는 방법까지도 마치 어린 아이가 공부하듯이 하나씩 익혀 나갔다. 동네에서 그렇게 근로활동을 하면서 느낀 것은 내가 참 육체노동을 못한다는 사실이었다. 그래도 글쓰고 말하는 재주가 있어서 평생 방송도 하고 글도 쓰면서 먹고 살았지, 그런 재주라도 없었으면 대체 나 같은 인간은 무엇을 하면서 생존할 수 있었을까 하는 생각이 들었다. 누구든 가진 것이 있으면 갖지 못한 것도 있고, 그런 것 같았다.

 탄천길을 하루에도 몇 번씩 분주하게 건너 다니면서 근로를 한지 한 달이 지났고 급여명세서를 받았다. 그때의 느낌은 무척이나 특별했다. 모두 합해 130만원 가량의, 사실 작은 액수였다. 과거 건강하게 방송활동을 하던 때 벌었던 돈에 비하면 턱없이 적은 돈이었다. 하지만 그때 나한테는 1300만원 이상의 돈으로 느껴졌다. 긴 투병의 시간을 거치면서 다시는 일을 하지도, 경제활동을 하지도 못할 것이라는 생각을 갖기도 했었다. 막 취업에 성공한 큰딸은 그런 아버지에게 앞으로 자기가 매달 용돈을 드리겠다고 했었다. 아버지가 더는 돈을 벌지 못할 것으로 생각했던 것이다. 그런데 이렇게 다시 내 몸을 쓰면서 일을 하고 소득을 올렸으니 얼마나 기뻤겠는가. 다시 태어나 사람 구실을 하게 되었구나 하는 생각이 들었다. 그렇게 다시 일을 해서 통장에 찍힌 돈의 의미는 다른 무엇에 비할 바가 아니었다.

 그해 가을, 낙엽이 거리에 쌓일 무렵, 그동안 낙엽의 운치만을 생각하며 살아온 나는 그 낙엽을 치우는 일이 얼마나 힘든지 직접 체험했다. 낙엽을 쓸고 모아서 마대 자루에 담고, 수거 차량이 실어갈 수 있도록 도로변에 쌓아 두는 일은 제법 힘들었다. 쓸어도 쓸어도 무슨 낙엽이 그렇게도 많은지, 허리가 제법 아팠다. 아, 거리의 낙엽이 아름다운 것만은 아니었구나. 모르고 살았던 인생의 이면이었다.

코로나 사태 이후로 만들어진 지역 일자리 사업이 점차 알려지면서 재산이 어느 정도 있는 사람은 참여할 수 없도록 심사를 하게 바뀌었다. 그래서 나는 더 이상 계속할 수는 없었다. 나야 사실 몸의 회복을 위해서 일을 하려 했던 것이고, 진짜 어려운 사람들에게 그런 기회가 돌아가는 것이 맞는 것이었다.

동네 길을 돌면서 청소를 하던 그 시간은 내가 다시 살아났음을 확인하는 시간이었다. 출근 첫날, 일하러 다니다가 혹여 쓰러질까봐 걱정하던 몸은 그렇게 몸을 쉬지 않고 움직이며 몇 개월 일을 하고 나니 부쩍 좋아짐을 느꼈다. 재활을 위한 운동 같은 일도 하고, 매달 얼마씩 소득도 올렸으니 양수겸장이었던 셈이다.

죽을 고비를 견뎌내고 다시 살아나서 몸이 조금씩 좋아지게 되니 이렇게 사람 구실을 다시 하게 되는구나. 인간의 끈질김에 대해, 인간의 쓸모에 대해 생각했다. 평생 책상 앞에 앉아, 방송국 스튜디오에 앉아 고담준론만 설파하던 내가 이렇게 동네 골목길을 돌며 담배꽁초도 줍고 낙엽도 쓸어 담는 일에 감사하게 되었으니, 제2의 삶을 산다는 말이 과장은 아니었다. 목장갑을 낀 채 빗자루를 들고 동네를 돌던 내가 그렇게 당당할 줄은 미처 몰랐다.

살기 위해 시작한 운동, 평생 친구가 되다

우리가 사는데 가장 중요한 것이 무엇이냐고 묻는다면, 나는 주저없이 건강이라고 대답할 것이다. 사람이 건강을 잃으면 다른 아무것도 할 수 없게 된다. 아무리 돈이 많아도, 높은 사회적 지위를 갖고 있어도, 아파서 누워있어야 하는 사람에게는 아무런 소용이 없다. 건강을 잃고 병원에 누워있게 되면 본인의 고통은 물론이고 가족들에게도 엄청난 부담을 안겨주게 된다. 간병이 얼마나 힘든 일인지 겪어본 사람들은 안다. 병원비도 병원비지만, 일을 할 수가 없게 되니 경제적으로도 큰 어려움을 겪는 상황에 처하게 된다. 그러니 아프면 안 된다.

내 자신이 오랜 투병과 재활의 시간을 가졌던 일은 건강의 소중함을 다시 생각하는 계기가 되었다. 자신이 누구보다 건강하다고 믿고 있었을 때는 내가 누리고 있는 모든 것이 당연하다고 생각했었다. 그런데 죽음의 고비를 넘고 수술 이후의 고통스러운 과정을 거치면서 그 당연했던 것들이 결코 당연한 것이 아니었음을 깨닫게 되었다.

수술 후유증 때문에 일어서면 혈압이 떨어져 의식을 잃기에 걸을 수가 없게 된 시간이 있었다. 그때 자기 발로 걸을 수 있다는 것이 얼마나 다행스러운 일인가를 생각했다. 그때 누워서만 지내던 나에게 의사 선생님은 "앉는 것을 목표로 합시다"라고 했다. 세상에, 앉는 것이 목표가 되어야 하는 사람은 대체 어떤 사람인가를 생각했다. 온갖 악전고투를 겪고 나서 몸이 조금은 회복되어 자기 발로 화장실에 서서 소변을 보고, 세면대에서 세수를 할 수 있게 되던 날 느꼈던 인간으로서의 당당함은 말로 표현할 수 없는 것이었다.

식도가 열리지 않아 8개월 동안 물 한 모금 마실 수 없게 되자, 음식을 자유롭게 먹을 수 있다는 것이 얼마나 고마운 일인가도 생각하게 되었다. 혀가 마비되어 내가 뭐라고 말을 해도 사람들이 알아듣지를 못했다. 그래서 화이트보드를 사다놓고 펜으로 의사를 전달하던 시간도 있었다. 걷는 것, 먹는 것, 말하는 것, 그 어느 것도 당연한 것은 없었다. 그 하나하나가 내게 있음으로써 감사한 것들이었다.

입원생활 중 병원의 허락을 받아 아내가 밀어주는 휠체어를 타고 선릉공원에 외출을 나갔다. 파란 하늘이 있었고, 푸르른 숲이 있었고, 울어대는 새들이 있었다. "아, 이 생명의 자연을 다시 보기 위해 나는 살아났구나." 몇 달 만에 다시 만난 자연의 풍경은 그렇게 감격스러웠다. 비록 몸은 아직 이곳저곳이 고통스러웠지만, 살아있음에 더 없이 감사했다.

좀 진부한 얘기일지 모르겠지만 건강이란 그런 것이다. 평소에는 그 소중함과 고마움을 모르고 살다가 한번 건강을 잃고 나면 그것이 얼마나 중요한 것인가를 마음으로 깨닫게 된다. 암투병을 하다가 이제는 고인이 된 이어령 교수의 책 『마지막 수업』에 이런 얘기가 나온다.

> "도스토옙스키가 사형 5분 전에 쓴 글 봐. 사형수한테는 쓰레기도 아름답게 보인다네. 다시는 못 보니까. 날아다니는 새, 늘 보는 새가 뭐가 신기해? 다시는 못 본다, 저 새를 다시는 못 본다. 내 집 앞마당에 부는 바람이 모공 하나하나까지 스쳐간다네. 내가 곧 죽는다고 생각하면 코끝의 바람 한 줄기도 허투루 마실 수 없는 거라네. 그

래서 사형수는 다 착하게 죽는 거야. 마지막이니까."

살아있다는 것 하나만으로도 감사한 사람에게는 세상의 모든 것들이 다르게 보인다.

수술한 대학병원과 재활병원을 거치면서 오랜 병원생활을 하면서 정말 많은 환자들을 보았다. 병원에 가면 아픈 사람들만 보인다. 세상에 아픈 사람들이 어찌나 그렇게 많던지. 정말 많은 사람들이 병에 걸려 수술을 받기도 하고 고통스러운 투병을 한다.

퇴원하고 제주에서 한 달 살기를 하고 돌아오니 추운 겨울이라 탄천길을 걷는 것이 어려웠다. 몸의 빠른 회복을 위해서는 재활운동을 많이 해야 하는데, 운동량이 절대적으로 부족할 것이 걱정되었다. 그래서 찾은 곳이 동네에 있는 헬스장이었다. 나는 여러 가지로 조심하면서 필요한 운동을 해야 했기에 재활운동 지도 경력이 있는 트레이너를 찾아 정기적으로 PT를 받기로 했다. 그때만 해도 얼굴에 병색이 있고 혈압이 떨어져서 어지러울 것에 대한 우려도 있었던지라 매우 조심스럽게 운동을 시작했다. 트레이너로서도 자칫 운동 중에 무리해서 사고라도 나면 안 되니까 안전하게 운동을 익혀나가는 것을 우선했다. 하나의 운동을 하고는 "어지럽지 않으세요? 괜찮으세요?"를 계속 확인하곤 했다.

　그렇게 시작한 운동은 내 생활을 바꾸는 계기가 되었다. 물론 과거 건강했을 때도 헬스장에 다닌 기간은 많았다. 하지만 제대로 운동을 배우지도 않았고 그냥 혼자서 트레드밀이나 하면서 돈만 갖다 바치는 회원이었다. 그러던 사람이 한번 아프고 나니 정신이 번쩍 들어서 빠지지 않고 열심히 운동하는 사람으로 개과천선한 것이다. 정기적으로 PT도 받으면서 거르지않고 매일 개인운동을 했다. 유산소 운동과 근력운동을 아주 낮은 단계부터 시작해서 조금씩 능력을 키워나갔다.

　2년 정도 운동을 꾸준히 했더니 이제는 50kg을 얹은 채 스쿼트를 하고, 60kg을 드는 데드 리프트를 하며, 100kg을 밀어올리는 레그 프레스를 한다. 건강의 열쇠라고 하는 다리근육은 놀랄만큼 튼실해졌다. 수술 후 순식간에 새 다리가 되어버린 모습을 보고 놀라 한숨짓던 나였는데, 이제는 굵은 허벅지와 종아리를 건강의 증거로 자랑할 수 있는 상태가 되었다. 20대 청춘도 아니고 운동의 효과가 곧바로 나타나기 어려운 장년의 나이를 감안하면 괄목상대할 발전이다. 나름 성실하고 꾸준하게 운동을 해온 결과이다. 빗물이 바위를 뚫는다고 하지 않던가.

　운동은 거르지 않는 것이 중요하다. 당연히 가기 싫은

날이 있다. 그럴 때는 오늘은 그냥 스트레칭하고 트레드밀 걷기만 하고 온다는 가벼운 마음으로 간다. 그런데 가서 막상 하다가 보면 기왕 온 김에 이것도 조금, 저것도 조금 더 하고 싶어진다. 그러다 보면 여느 때만큼의 운동을 하게 된다. 이제는 운동을 이틀이라도 쉬게 되면 찌뿌듯하고 몸이 굳어지는 것 같아 불편하게 느껴진다. 몸이 무겁게 느껴질 때 헬스장에 가서 운동을 많이 하고 나면 몸도 가볍고 기분도 좋아진다. 육체적 건강뿐 아니라 정신 건강을 위해서도 운동은 참 좋다. 물론 실내가 아닌 트레킹 길을 걷거나 등산을 하는 것도 좋은 운동이다. 하지만 나이가 들수록 그것만 갖고는 부족한 이유는 근력운동도 함께 필요하기 때문이다. 걷는 유산소 운동과 함께 근력운동을 병행하는 것이 필요하다.

나는 이제 평생 건강을 챙기면서 살기로 했다. 건강을 관리하지 않으면 어렵게 회복시켜 놓았던 신체 기능이 퇴화할지 모르기에 선택의 여지가 없는 길이다. 그래서 육체의 기능이 허락하는 날까지 운동을 꾸준히 계속할 것이다. 운동은 이제 내 평생 친구가 되었다. 억지로 하는 운동이 아니라 즐겁게 하는 운동이 되었다. 그렇게도 운동하기를 귀찮아했던 나였지만, 이제는 운동 없는 생활은 상상하기 어렵다. 그러고 보면 한동안 건강을 잃었고 투병하느라 고

생도 엄청 많이 했지만, 반대로 얻은 것도 적지 않은 셈이다. 얻는 것이 있으면 잃는 것이 생기고, 잃는 것이 있으면 얻는 것도 생기는 것이 우리네 인생이다.

3부

인생에서 진정 소중한 것들

"내가 나 자신으로 있지 못하고 내가 아닌 것이 되어야 할 이유가 도대체 무엇이란 말입니까?"

— 로베르트 발저, 『산책자』

인생 버킷 리스트,
1순위는 무엇일까

병원에서 퇴원하고 나서 이제 뭘 하고 살아갈까 생각을 했다. 마비되었던 혀가 완전하게 회복되지는 못했으니 예전처럼 방송하느라 이곳저곳 다니는 생활은 더 이상 불가능할 것이라 생각했다. 실제로 그랬다. 다행히도 정신이 멀쩡하고 노트북으로 글을 쓸 손가락은 정상이니 글을 쓰는 일은 할 수 있을 것 같았다. 그래서 지금까지 글 쓰는 일을 계속하며, 이렇게 예전처럼 책까지 쓰고 있으니 그것만도 천만다행이라 여기며 감사한 마음으로 살아가고 있다. 평생 해온 자기 일을 계속할 수 있다는 것은 얼마나 기쁜 일인가.

하지만 하던 일을 계속할 수 있다는 사실이 전부는 아니었다. 생사의 고비를 넘기고 다시 일어서서 두 번째 삶을 살게 된 것 아닌가. 얼마나 힘들게 지켜낸 생명이고 몸이던가. 이 소중한 삶을 어떻게 잘 살아나갈 것인가 하는 생각을 했다. 그래서 병원에서 퇴원하고 제주의 올레길을 걸으며 생각했던 것은 남은 인생의 시간을 어떻게 채워 나갈 것인가였다. 무엇보다 원했던 것은 이제는 내가 본래 살고 싶었던 삶을 살자는 것이었다.

이 나이에 이르도록 언제나 열심히 살려고는 했지만, 내가 가졌던 열정은 자신의 삶을 무겁게 만들곤 했다는 생각이 들었다. 청춘 시절에는 잘못된 세상을 바꿔야 한다는 신념을 갖고 민주화와 진보를 위한 운동에 몸담았다. 개인의 욕망은 다 억누르고 참아야 한다고 믿었던 시간들이었다. 중년의 나이가 되어서도 정치 얘기를 계속하는 평론 일을 하고 다니느라 정신없이 살았다. 직업이기도 했지만 나름대로는 정치적 소명의식을 갖고 하던 일이었으니, 늘 정치적 하중을 견디며 살아야 했다. 특별히 내세울 것은 없었지만, 그래도 오랜 세월 나름대로는 '지사志士' 같은 삶을 살려고 했던 것 같다. 하지만 이제 와서 돌아보니, 세상은 존재했지만, 나 자신은 부재한 삶이었다는 생각이 들었다.

건강을 조금씩 되찾으면서 다짐했던 것은, 이제는 다른

삶을 살자는 것이었다. 거창하지 않은 소소한 삶, 누구에게 내보이기조차 부끄러운 작은 삶, 이제 그 속에 나의 행복이 있을 것만 같았다. 무라카미 하루키의 소설 『1Q84』에 나왔던 말을 떠올렸다.

> "이 자연계에서 인간이 자기 자신 이상의 존재가 된다는 것은, 자기 자신 이하의 존재가 된다는 것과 똑같은 만큼의 깊은 죄악이다."

자기의 원래 모습 이하의 존재가 되는 것도 잘못이지만, 자기의 실제 모습 이상이 된다는 것도 그 이상의 죄라는 의미이다. 사람은 그냥 자기 얼굴대로 자연스럽게 살아가면 되는 것이다. 어떤 사명감이나 책임감 이전에, 가장 자연스러운 표정으로 자기 길을 가는 것이 좋다. 그래야 행복하다. 자신이 행복하지 못한 사람이 다른 사람들을 행복하게 만들 수 있겠는가.

재활병원에서 써낸 투병기에서 앞으로의 삶에 대해 이렇게 말했다.

"하지만 이제, 열정적인 삶의 무게를 계속 지고 살아가기에는 남은 시간이 많지 않음을 알고 있다. 니체는 무거운 대지의 삶을 가볍게 만들라고 차라투스트라의 입을 통해 말하지 않았던가. 자신을 가볍게 하고 춤을 추어야 자유롭게 하늘을 날 수 있다고 하지 않았던가. 나는 이제 더 이상 열정적인 삶의 무게를 지지 않으려 한다. 열정적인 삶은 더 이상 내 인생의 좌표가 아니다."(『나를 위해 살기로 했다』)

더 이상 뜨거운 열정이 없는, 그저 체온만큼의 적당한 온도만을 지닌 담백하고 소소한 삶을 그리며 내 인생의 버킷 리스트를 떠올렸다. 잭 니콜슨(에드워드 콜), 모간 프리먼(카터)이 출연한 영화 〈버킷 리스트 – 죽기 전에 꼭 하고 싶은 것들〉을 다시 보았다. 영화에서 시한부 인생 통보를 받은 두 사람은 각자의 버킷 리스트를 적는다.

카터의 리스트는 이런 것들이었다.

1. 장엄한 광경 보기
2. 모르는 사람들 도와주기
3. 눈물 날 때까지 웃기
4. 머스탱 셀비로 카레이싱하기
5. 정신병자 되지 말기

그리고 에드워드는 이런 것들을 버킷 리스트로 추가했다.

6. 스카이 다이빙하기

7. 가장 아름다운 미녀와 키스하기

8. 영구문신 새기기

9. 중국 홍콩 여행, 이탈리아 로마 여행,
   인도 타지마할 보기, 이집트 피라미드 보기

10. 오토바이로 중국 만리장성 질주하기

11. 세렝게티에서 사자 사냥하기

사실 하나하나가 대단한 것들이 아니었다. 그런데 그들에게는 대단한 것들이었다. 결국 두 사람은 버킷 리스트를 이루기 위한 세계 여행을 함께 떠난다.

나의 버킷 리스트도 떠올려 보았다. 제주에서 한 달 살기, 한라산 백록담 오르기, 한적한 제주 바닷가 카페에 앉아 글쓰기, 유럽의 고즈넉한 마을에서 한 달 살기, 북유럽에 가서 오로라 보기, 스웨덴 쿵스레덴 트레킹길 걷기, 좋아하는 곡들이 나오는 공연 마음껏 다니기, 아담한 서재에서 음악 듣고 글 쓰면서 늙어가기…… 참, 하고 싶은 것들이 많았다. 그중 제주 한 달 살기, 백록담 오르기, 좋아하는 공연 다니기, 아내와 좋은 길 걷기처럼 실제로 한 것들도 있고, 코로나 때문이기도 하지만 몸의 상태가 따라주지 못해 쉽지 않은 것들도 있다.

나의 버킷 리스트는 아직 완성되지 않았다. 여전히 가슴과 영혼이 살아있기에 앞으로도 하고 싶은 일들은 계속 늘어날 것이다. 아마도 상당히 많아질 것 같은 느낌이다. 대체 내 인생의 버킷 리스트들을 다 해보고 죽을 수 있을까. 그 가운데 많은 것들은 나 혼자가 아니라 꼭 아내와 함께 해보고 싶은 것들이 많다. 나를 살려 놓기 위해 그렇게 애를 썼던 아내와 손잡고 자연이 아름다운 좋은 길들을 찾아다니며 많이 걷고 싶다. 그러려면 무엇보다 두 다리가 오래오래 튼튼하고 건강해야 한다. 그래서 우리 부부는 근력을 키우기 위해 매일 같이 운동을 하고 있다.

아직 해보고 싶은 것들이 많은 삶은 우리의 가슴을 꿈틀거리게 만든다. 나이가 들더라도 앞날에 대한 설렘을 간직하며 살 수 있도록 해준다. 인생의 버킷 리스트를 머릿속에 그리던 내게 떠오른 것은 영화 〈버킷 리스트〉에 나오는 가족 얘기였다. 카터와 에드워드는 각자의 가족사에 대해 털어놓는데, 카터는 그의 아내에 대한 사랑이 전에 같지 않음을, 에드워드는 딸과의 오랜 이별에 상처를 받았다는 사실을 알게 되었다. 카터는 딸을 찾아가 만날 것을 설득하지만 에드워드는 강하게 거부한다. 대신 에드워드는 아내 밖에 모르고 살았던 카터를 위해 여자를 사서 보내지만 카터는 이를 거부하며 자신이 여전히 아내를 사랑하고 있음을 확인한다. 자신에게 여자를 보낸 에드워드에게 화가 난 카터는 집으로 돌아와 아내, 아이들과 화목한 시간을 갖는다. 하지만 암이 전신으로 전이된 카터는 먼저 세상을 떠난다.

그 소식을 들은 에드워드는 생전에 카터가 말했던 대로 딸을 찾아가 화해의 손길을 내민다. 딸의 집에서 손녀 딸을 처음 만난 그는 소녀의 이마에 키스를 한다. 그리고 버킷 리스트에 마지막으로 남아있던 "세상에서 가장 아름다운 소녀에게 키스하기"를 지운다.

두 사람의 버킷 리스트는 그렇게 가족에게로 돌아가면서 결말을 맺는다. 우리들이 각자 담아 놓은 버킷 리스트 가운데서 가장 마지막까지 남을 소중한 것은 '가족과 함께 사랑하며 살아가기'가 아닐까. 내가 죽는 순간 곁에 있을 사람은 결국은 가족 밖에 없을 것이다. 세상의 수많은 관계 속에서 무엇을 가장 중요하게 생각해야 할지는 우리의 마지막 순간을 떠올리면 자명해진다. 우리 인생의 버킷 리스트에서 가장 마지막까지 남겨놓다가 미처 지우지 못하고 가게 될 것, 바로 '가족과 함께 사랑하며 살아가기'가 될 것만 같다.

부부라는 인연

나이 서른이 넘어서 아내를 만났다. 대부분의 경우가 그렇듯 그 이전까지는 서로 알지도 못하고 본 적도 없는 사람이었다. 그랬던 두 사람이 어느 날 우연히 알게 되어 30년 세월을 같이 살아왔다. 같은 핏줄이라는 형제들은 살다가 멀어지기도 하고 심지어 원수지간이 되어 다시는 보지 않는 경우들도 적지 않다.

그런데 정작 피 한 방울 섞이지 않고 성씨姓氏도 다른 아내와는 세상의 누구보다 가까운 친구가 되어 인생의 희비애환을 함께 나누며 살아간다. 그래서 부부란 참으로 희한한 사이라는 생각을 가끔은 하게 된다. 피는 물보다 진하다는 말은 거짓이었던 게다. 진한 것은 '피'가 아니라 '정情'이었던 게다.

다른 대부분의 사람들이 그렇듯이, 우리 부부도 남들과 비슷한 인생 사이클을 거쳐왔다. 더 없는 행복감에 젖었던 신혼 시절, 그냥 지기 싫어서 고집을 부리다가 티격태격 언성을 높였던 시간들, 아이들 키우랴 먹고살랴 전쟁 치르듯이 살았던 나날들. 때로는 방식의 차이로 인한 갈등이 없었던 것은 아니지만, 그래도 큰 위기 없이 오랜 세월을 함께 해왔다. 프리랜서, 그것도 정치를 얘기하는 시사평론가가 직업이었기에 정치적 시류에 따라 부침이 있었던 나였다. 그래도 내가 자존감을 파는 일이 없도록, 언제나 나를 응원하며 내 편이 되어주었던 아내에게 감사한 마음을 갖고 살아왔다. 아직 한창 일할 나이에 정치적 유배자가 되어 동네 독서실로 들어간 남편을 원망하는 대신, '저 사람 마음은 오죽할까'를 생각했다는 아내가 없었다면 나는 어디선가 꺾였을지도 모를 일이었다. 아내는 내가 먹고 살기 위해 부당하게 세상에 굴복하는 일이 없도록, 나를 늘 지지해주었다.

우리 부부 사이가 더욱 깊어진 것은 나의 투병 과정을 함께 하면서였다. 내가 뇌종양이 발견되어 죽을지도 모른다는 상황을 맞았을 때, 아내는 "어떻게 그럴 수가 있냐"며

나를 원망했었다. 그런데 수술을 할 수 있다는 얘기를 들었을 때 아내는 이제부터 정신 바짝 차리고 남편을 살리겠다고 나섰다.

수술을 마치고 중환자실에 있었을 때, 아내는 언제 나한테 무슨 일이 생길지 모른다며 대기실 의자에서 며칠 밤 쪽잠을 잤다. 15분간 허락되는 중환자실에서의 면회 시간 때면, 아내는 나를 조금이라도 먼저 보기 위해 사람들 가운데 가장 앞에서 달려오다시피 했다. 힘에 부쳐 간병인을 썼지만, 내가 오랜 병원 생활에 지치는 일이 없도록 아내는 하루도 빠지지 않고 병원으로 출근하곤 했다. 내가 기필코 다시 일어서겠다면서 남다른 투병 의지를 가질 수 있었던 것의 절반 이상은 그런 아내 덕분이었다. 나를 살리겠다고 그렇게 정성을 기울이는 아내를 외롭게 만들지 않기 위해서도 나는 반드시 살아서 일어서야 했다.

투병과 재활의 긴 시간 동안 쌓였던 부부의 믿음은 이제 남은 인생을 살아가는데 큰 자산이 되고 있다. 물론 결혼을 한다고 해서 다들 잘 사는 것은 아닐 게다. 서로에 대한 믿음이 깨져 이혼을 하는 경우도 부지기수이고, 좋아서 결혼했던 남녀가 원수지간이 되는 일도 많다. 도저히 감당하기 어려운 신뢰의 위기를 맞아 그런 경우도 있고, 서로가 선의를 갖고 노력하며 사는데도 생각과 방식의 차이가 커서 결별하게 되는 경우들도 있다.

결국 결혼해서 함께 사는 부부에게 가장 중요한 것은 서로에 대한 신뢰가 아닐까 생각한다. 애당초 사람의 생각과 방식이 같을 수는 없다. 결혼 생활은 평생 다르게 살아왔던 두 사람이 서로에게 적응하고 맞추는 노력을 하며 살아가는 과정이다. 어느 정도 서로에게 익숙해지고 나면 이전까지 불편했던 것들이 편해지거나 대수롭지 않게 여겨지기도 하고, 서로 간에 이견이나 갈등이 생겨도 그것을 원만하게 풀어가는 지혜가 생겨나게 된다. 그때까지가 조금은 힘든 노력이 필요한 것이지, 부부 간의 '룰'이 정착되고 나면 그 뒤로는 그냥 물 흐르듯이 자연스럽게 살아갈 수 있게 된다. 다른 인간관계들도 그렇겠지만, 모르던 남녀가 맺어져 함께 산다는 것은 각자 다르게 부족한 두 사람이 서로를 보완해주면서 살아가는 과정이기도 하다.

내 경험으로 말한다면, 살면서 생겨나는 크고 작은 일들을 함께 의논하고 판단하는 것이 부부 사이에서는 중요하다. 고정된 성역할 관념에 갇혀 남편과 부인의 역할이 분리되어 있는 가정이 생각보다 많다. 남편은 밖에 나가서 돈을 벌고 부인은 집안 살림을 맡는다는 것이 과거의 성역할 관념이었다. 물론 지금은 그런 경계선이 무너지고 여성들도 결혼 이후에도 경제활동을 하는 경우가 많아졌다. 하고 싶어서가 아니라 경제적인 이유로 맞벌이를 해야 하는 상황도 많다. 남편들도 청소나 설거지 같은 집안 일들을 많이 나누어서 한다.

하지만 그래도 오랜 관습에 따른 성역할은 쉽게 바뀌지 않는다. 남편과 부인이 똑같이 경제활동을 하는 맞벌이 부부인데도 집안 살림은 여자가 책임을 떠맡아, 여자만 2중, 3중의 책임을 걸머지는 경우들은 흔한 일이다. 남자는 그저 바깥 일에만 관심을 가지면 되는데, 여자는 모든 일들을 다 해내는 '소머즈'나 '원더우먼'이 되어야 하는 경우가 많다. 출산에서부터 양육과 아이들 교육에 이르기까지 자식들을 키우며 가정을 돌보는 일에 대해서는 대부분 여성이 책임자가 되어 살아간다. 요즘은 그러면서도 여성이 경제활동까지 해야 하는 상황도 흔하다. 그러다 보니 남자는 자기 일에만 관심을 갖고 내 집 마련이나 이사, 자식들 교육 문제 같은 일들은 부인 혼자서 껴안고 외로운 고민을 해야 하는 경우가 많다. 결코 바람직하지 못한 관습이다. 부부가 살아가면서 생겨나는 중요한 문제들에 대한 걱정들을 공유하지 못한다면, 이는 함께 살아도 함께 사는 것이라 하기 어렵다. 시간이 지날수록 겉도는 관계로 가버릴 위험마저 있다.

그래서 가정의 중요한 문제는 부부가 함께 의논하고 결정한다는 원칙을 부부 사이에 세워놓는 것이 좋다. 어느 한

쪽 모르게 일을 벌렸다가 나중에 잘못되어 부부 간의 갈등을 낳고 신뢰를 잃게 되는 경우들을 흔하게 본다. 집을 사고 파는 것에 대한 판단, 주식 투자 같은 일에 대한 판단을 독단적으로 하거나 배우자 모르게 어느 한쪽이 마음대로 하는 경우들이 적지 않다. 그런데 그 결과가 어떻게 될지는 누구도 알 수 없는 일이다. 물론 결과가 좋으면 천만다행이겠지만, 예상과는 달리 큰 경제적 손해를 낳는 경우들도 많다. 부인 몰래 거액을 대출받아 주식을 샀다가 주식이 폭락하여 큰 손해를 보게 되었을 때, 그런 상황을 알게 된 부인은 경제적 손해도 문제이지만, 자신도 모르게 그렇게 한데 대한 배신감을 느끼게 된다. 그럴 때 함께 상의해서 한 일이었다면 경제적 손해는 어쩔 도리가 없겠지만, 그로 인해 부부가 싸우고 신의에 금이 가는 일은 없을 것이다.

   돈이야 다시 벌고 모으면 되는 일이지만, 함께 사는 사람 사이의 믿음이 깨지는 것은 막아야 할 일이다. 부부 사이에도 비밀은 있다. 실제로 살다가 보면 서로 간에 소소한 거짓말들이야 있기도 하다. 무슨 대단한 일도 아니고 서로 간에 굳이 알리고 싶지 않은 각자만의 비밀들도 있을 수 있다. 하지만 가정의 미래와 관련 있는 일들은 혼자만의 문제가 아니다. 그런 일들은 서로가 투명하게 공유하면서 함께 상의하고 결정하는 것이 옳다. 서로 간에 감추는 것이 적고, 투명하게 공유하는 것이 많은 부부가 오래오래 건강해진다.

부부가 함께 살면서 특히 피해야 할 것은, 어느 한쪽을 외롭게 만드는 일이다. 부부이면서도 서로 대화가 통하지 않아 적당히 포기하고 그냥 따로 살다시피 하는 경우도 적지 않다. 그런 경우 대개는 나이가 더 든 뒤에 결국 문제가 드러나게 된다. 부부 사이에는 뒤끝이 많다. 살면서 억울했던 것들, 서운했던 것들이 새록새록 기억나는 것이 장년 이후의 특징이다. 참고 살다가 자식들이 다 큰 뒤에 황혼 이혼을 결심하는 이유도 그런 것일 게다. 그러니 쓸쓸한 황혼을 맞지 않으려면 부부가 인생의 소소한 희로애락을 공유하는 노력을 젊었을 때부터 하는 노력이 꼭 필요하다. 후회할 때는 이미 늦을 것이고, 그때는 내 힘이 지금 같지 않을 때일 것이다.

천직을 생각하는 사람이
오래 간다

　방송생활을 시작한 것은 20세기 시절인 1998년 무렵이었다. 20년도 넘게 계속했던 방송 일의 계기는 아주 우연한 것이었다. 당시 지인이었던 정관용 씨한테서 전화가 왔다. 자신이 SBS에서 라디오 프로그램 진행을 맡게 되었다며 한 번 출연해 달라는 것이었다. 그때만 해도 정치평론 글은 제법 썼지만, 방송은 한 번도 해본 적이 없었다. 그래서 스튜디오에 가서 방송을 한다는 것이 무척 부담스러워서 못한다고 사양했다. 그래도 막상 해보면 별 것 아니라며 한 번만 해보라는 것이었다. 그래서 난생 처음 방송 출연을 하게 되었다.

긴장을 많이 한 탓에 어떻게 15분이 지나갔는지도 모르게 방송이 끝났다. 스튜디오에서 나왔는데, 담당 PD가 아주 좋았다며 앞으로 매주 고정출연을 해달라고 했다. 팔자에 없었던 나의 방송생활은 그렇게 시작되었다.

일단 방송에 데뷔하고 나니 연쇄반응이 생겨났다. 한 방송의 시사프로그램에 출연하니 다른 방송사의 시사프로그램 제작팀에서도 듣고 섭외를 해오는 것이었다. 그러다 보니 고정 출연하는 방송 숫자가 점차 늘어났다. 차츰 방송에 욕심이 생겼다. 방송은 부담스러워 못한다고 손사래를 치던 나였는데, 전업 방송인이 되고 싶다는 생각을 갖기에 이르렀다. 몇 군데서 방송을 해보니까 참 좋았다. 세상 일에 대해 자기 하고 싶은 말을 많은 사람들이 듣도록 마음껏 할 수 있고, 게다가 출연료까지 정확하게 지급되는 게 방송이었다. 다른 복잡한 일들 그만 두고 방송만 하면서 먹고 살 수 있으면 얼마나 좋을까 생각했다.

그냥 한번 해본 생각이 아니라 제법 간절했다. 마침 정치권에 몸담고 일하다가 진로에 대한 고민을 하던 때였다. 결국은 출마를 해야 하는 정치보다는, 방송을 통해 정치를 평론하는 일이 나의 삶에 자유를 가져다 줄 것이라 판단하고 결단을 내렸다. 당시 근무했던 국회 보좌관 자리에서 사표를 내고, 박사논문 준비에 들어갔다. 이미 박사학위 과정 수료는 했지만 일을 하고 있었기에 학위논문 진도가 나가지 못했는데, 본격적인 방송활동을 위해서도 박사학위를 빨리 마쳐야겠다고 판단했다. 아무래도 박사 타이틀을 갖는 것이 시사평론가로서의 신뢰를 높일 수 있으리라는 전략적 선택이었던 셈이다.

당시 결혼도 하고 아이도 낳아 가정을 가진 남편으로서는 모험과도 같은 선택이었다. 방송을 하고 싶은 마음이 워낙 강했기에, 돌아갈 다리를 불사른다는 마음으로 일하던 곳에서 사직하는 배수의 진을 쳤다. 아내는 그런 내 뜻에 함께 해주었고, 내가 논문을 쓰는 동안 집안 살림을 도맡았다. 그래서 아내는 살아오면서 자기가 나를 박사로 만들었다고 큰 소리 치기도 한다. 고생 끝에 논문을 최대한 빠른 시간에 마치고 학위논문을 들고는 나를 데뷔시켜준 PD를 찾아갔다. 방송을 계속하고 싶다고 말했다. 얘기를 들은 그 PD는 나를 말렸다. 방송으로는 먹고 살기 어렵다는 것이었다. 그럴만한 것이, 당시는 지금처럼 많은 종편 채널도 없던 시절이었다. 출연할 수 있는 곳이라야 단지 지상파 방송 몇 군데 뿐이었다. 게다가 그때만 해도 시사프로그램 자체가 그리 많지 않았다. 그래도 나는 이미 돌아갈 다리를 불살랐기에 방송에 승부를 거는 길 이외에 다른 생각을 하지 않았다.

자칫하면 쪽박을 차고 백수 인생이 될 수 있는, 지나고서 생각해 보면 아주 위험한 선택이었다. 그런데 운이 따랐는지 1년도 되지 않아 방송 시사평론의 스타급 인물이 되었다. 한 군데서 방송을 하면 다른 방송으로 발탁되는 일이 이어졌다. 결정적인 한방은 2002년 민주당 대선후보 국민경선에서 노무현 후보가 선출되는 극적인 과정을 〈오마이뉴스〉와 함께 인터넷으로 생중계했는데 대박을 친 것이다. 마치 신문선의 축구 중계를 떠올리는 경선 해설을 하자, 주말이면 이어지는 생중계에 많은 시청자들이 몰렸고 각종 매체들에서 나를 화제의 인물이라며 인터뷰했다. 경선 중계 방송이 다 끝나자 KBS, MBC, SBS 같은 지상파에서 섭외가 이어졌고, "채널만 돌리면 유창선이 나온다"는 소리를 들을 정도가 되었다. 토론을 좋아하던 노무현 대통령이 취임하면서 시사프로그램들이 순식간에 늘어났고, 나는 그 수혜자가 되었다. 그렇게도 하고 싶었던 방송을 이른 아침부터 밤까지 정말 원없이 하는 황금기를 누렸다. '방송만 하면서 먹고 살면 좋겠다'던 꿈이 이루어진 것이다.

그렇게 하게 된 방송 일이었기에 천직으로 여겼다. 오랜 세월 비가 오나 눈이 오나, 방송이라는 한 우물을 팠다. 그런데 방송만을 그렇게 꾸준히 하는 사람은 많지 않았다. 내가 했던 정치평론의 영역은 정치와 불가분의 관계를 맺게 된다. 그래서 정치에 뜻을 가진 사람들이 방송에 많이 뛰어든다. 방송은 자신의 지명도를 쌓을 수 있는 더 없는 홍보수단이기 때문이다. 출마를 했다가 낙선한 사람들 역시 정치평론가라는 타이틀로 방송에 출연하며 다음 선거에서의 재기를 기약한다. 이런 경우 대부분은 다음 선거 때 방송을 접고 다시 출마한다. 오직 방송만을 천직으로 여겼던 나는, 그런 광경들이 상당히 거북했다. 방송이라는 것이, 더구나 정치평론이라는 것이 정치적 이해관계에 얽히지 않은 사람들이 해야 공정성을 기대할 수 있는 것인데, 온통 정치하는 데만 뜻이 가 있는 사람들이 방송을 하니 결국 정파적 대결을 방송에서 반복하게 된다는 생각이었다.

하지만 방송사들은 그런 문제를 조금도 개의치 않고 방송을 출마자들의 대기소처럼 만들었다. 평생 정치평론을 해왔던 사람으로서 때로는 모욕감 같은 것을 느낄 때도 있었지만, 나는 초심을 지키자는 생각을 해왔다. 그래도 끝까지 한길을 가는 사람이 몇은 있어야 되는 것 아닌가.

그런 마음이 통했는지, 정권이 바뀔 때마다 외풍을 타며 온갖 우여곡절도 많았지만, 어쨌든 지금까지 정치평론가로서 인정받으며 많은 일을 해왔다. 지금은 많이 회복되었지만 뇌종양 수술 후유증으로 혀가 마비되는 상황을 겪은 이후로 방송은 사실상 은퇴한 상태다. 그저 가끔씩 편하게 할 수 있는 방송 정도만 나들이 가는 기분으로 한다. 대신 여러 매체들에 고정 칼럼들을 연재하여 글쓰는 일을 많이 하고 있다. 방송생활 이전부터도 글을 통해 정치평론을 해왔으니, 모두 합하면 30년 가량은 정치평론을 한 셈이다. 참 오래 했다는 생각이 든다.

  물론 그 세월동안 나와 함께 일하거나 방송을 했던 많은 사람들이 국회의원과 장관이 되었고, 청와대에 들어가기도 했다. 하지만 내가 지켜본 그들의 모습이 그리 부럽진 않았다. 권력이 5년을 가지 못하는 세상 속에서 덧없는 권력무상의 광경들을 지켜보았다. 어쩌면 정치평론의 한 길을 30년간 걸어온 내가 가장 복 받은 사람인지 모르겠다는 생각을 했다.

우리는 왜 자꾸
불안할까

　　수술을 앞두고 기다리던 시간, 언제 회복될지 모른 채 기약없이 병원에 있어야 했던 시간, 모두가 앞날에 대한 불안에 갇힐 수 있는 시간이었다. 수술하다가 잘못되어서 죽는 일은 없을까, 후유 장애가 심각해서 다시 일어나지 못하는 상황은 없을까, 수술이 잘 되더라도 이제까지와는 다른 삶을 살게 될텐데 무엇을 하며 살아가야 할까, 앞으로 일을 하지 못해도 먹고 사는 데는 어려움이 없을까. 누구나 어려운 상황을 눈앞에 두면 별의별 상상을 다 하게 되듯이, 그 때 내 머릿속에서도 이런저런 불안한 생각들이 스치듯 지나갔다. 하지만 그런 불안은 그리 오래가지 않았고 나를 괴롭히지는 못했던 것 같다. 자신과 가족에 대한 사랑으로 어떤 상황이든 견딜 수 있으리라는 믿음을 가졌기 때문이었다.

굳이 어려운 상황에 처하지 않더라도 본래 불안을 타고난 것이 우리들의 삶이기도 하다. 사람은 어려움에 처해도 불안해 하지만, 어려움이 없어도 불안해하곤 한다. 없는 사람은 없어서, 가진 사람은 가진 것을 지키려고 불안한 것이 인생이다.

인류 역사에서 인간의 불안은 늘 존재했음을 철학자들의 얘기를 통해서도 알 수 있다. 인간의 근원적 불안에 대해서는 다양한 설명들이 있어왔다. 고대 철학에서는 불안을 의학적 문제가 아닌 도덕적 결함의 결과로 보았다. 에피쿠로스 같은 경우는 욕망의 억제로 불안을 없애야 마음의 평안이 온다고 했다. 철학이나 심리학에서는 불안을 이겨내기 위해서는 내면의 초연함이 있어야 함을 강조해왔다. 불안의 문제를 의학의 영역으로 확장시킨 것은 정신분석학자 프로이트였는데, 그는 무의식적인 성적 기억과 충동의 억압이 불안장애를 낳는다고 보았다. 현대 정신의학에서는 불안을 낳은 두뇌활동을 감지하여 분석하고, 그에 맞는 항불안제 치료를 하고 있다. 하지만 불안에 대처하는 여러 노력들에도 불구하고 오늘도 불안은 사회 속에서 확산되고 있다. 우리 사회의 경우에도 불안의 확산은 우울증의 급증 추세를 통해서도 확인할 수 있다.

세상은 늘 인간들에게 불안을 강제한다. 성공이냐 실패냐를 끊임없이 요구하는 사회 속에서 우리는 다른 사람들과 늘상 비교하며 자신이 사다리의 어느 높이에 있는가를 가리려고 한다. 알랭 드 보통은 "우리가 사회의 사다리에서 차지하는 위치에 그렇게 관심을 갖는 것은 다른 사람들이 우리를 어떻게 보느냐가 우리의 자아상을 결정하기 때문이다"라고 말한다. 자신을 평가하는 중심이 스스로가 아니라, 자기 외부에 존재하는 타인들이 될 때 불안은 커진다. 자신의 중심이 허약할수록 자아보다는 타인의 시선이 더 힘을 갖게 되는 것이다. 사회로부터의 세속적 시선에 내가 휘둘릴 때 불안은 깊어진다. 알랭 드 보통은 낮은 지위와 가난이 결함으로 간주되는데 대해 근본적인 의문을 제기하며 "큰돈을 벌지 못하는 것은 단지 더 크고 더 다채로운 기획의 한 특정한 영역에서 실패한 것일 뿐이다. 그런데도 어째서 부와 가난을 개인의 도덕성의 핵심적인 표지로 읽는가?"(알랭 드 보통, 『불안』)라고 반문한다. 삶에 대한 평가의 잣대는 여러 가지가 있을 수 있다. 경제적으로 어렵다는 것, 높은 지위를 갖고 있지 못하다는 것은 그 가운데 하나일 뿐, 그것을 이루지 못했다고 해서 실패한 삶이라고 말할 일은 전혀 아니다. 부와 지위 말고도 인간의 삶에는 소중한 것들이 너무도 많다. 자기의 재능을 살리는 것, 자기가 하고 싶은 일을 하는 것, 가족의 사랑 속에서 살아가는 것, 이웃과 공동선을 위해 일하는 것 등 의미 있는 삶에는 여러 가지가 있다.

단단하고 여유로운 자아를 만드는 일은 불안을 막아주는 지름길이다. 그렇지 못할 때 인간들은 자유를 감당하지 못하고 불안에 갇혀 버렸음을 역사가 말해주고 있다. 역사적으로 근대 사회의 출현은 인간들에게 정치적 자유를 주었고, 자유롭게 노동할 수 있는 기회를 제공했다. 계몽주의의 이성과 함께 정치적으로는 민주주의, 경제적으로는 자본주의가 들어서는 근대가 출현한 이후 인간들의 기대는 달라졌다. 그동안의 모든 속박에서 해방되어 자유롭고 평등하게 살 수 있을 것이라 기대하기 시작했다. 하지만 그 기대는 현실이 되지 못했고. 근대인들은 중세인보다 더 불안해했다. 어떻게 된 일이었을까.

근대 이전의 사회에서 인간은 자신의 사회적 신분이 낮더라도 그것을 숙명처럼 받아들여 신분 변화에 대한 기대를 하지 않았다. 그래서 고통스러워하지 않았던 것이다. 그러나 근대 사회 들어 사람들은 모든 속박으로부터 해방되는 듯했지만, 자신의 개성을 적극적으로 실현할 가능성을 제대로 가질 수가 없었다. 기대와 현실 사이의 괴리로 인해 "유럽에서는 공황 상태에 빠진 사람들이 자유에서 벗어나 새로운 속박으로 뛰어들거나 적어도 완전한 무관심으로 도피했다." 이것이 에리히 프롬이 말했던 '자유로부터의 도피'였다.

프롬이 말했던 자유로부터의 도피는 도스토옙스키의 『카라마조프 가의 형제들』에 나오는 〈대심문관〉을 떠올리게 한다. 대심문관이 예수를 지하에 가두고 말한 것은, 자유를 감당할 수 없는 인간에게 빵을 주는 대신 자유를 반납받았고, 그렇게 하여 인간들을 온순한 양 떼로 만들었다는 것이었다.

"분명히 말하건대, 인간이라는 이 불행한 존재에겐 태어나면서부터 받은 이 자유의 선물을 넘겨줄 대상을 어서 빨리 찾는 것보다 더 고통스러운 근심거리는 없다. 하지만 인간들의 자유를 지배하는 자는 오직, 그들의 양심을 편하게 해 줄 수 있는 자뿐이다. 빵과 함께 너에게는 확실한 깃발이 주어졌다. 빵보다 더 확실한 것은 아무것도 없으니까 빵을 주면 인간은 경배할 것이지만, 그러나 동시에 너 이외의 누군가가 그의 양심을 지배하게 된다면 - 오, 그러면 인간은 너의 빵마저도 버리고 자신의 양심을 사로잡는 그자를 따를 것이다."

표도르 도스토옙스키, 『카라마조프가의 형제들』 제1권

대심문관은 예수가 광야에서 기적, 신비, 권위를 요구하는 악마의 유혹을 거부하고 인간에게 자유의 믿음을 주었지만, 자유를 감당할 수 있는 사람은 소수일 뿐이었다고 예수를 공박한다. 대부분의 평범한 사람들은 기적, 신비, 권위가 있어야만 믿음을 가질 수 있었고, 자유보다는 빵을 원했다. 그래서 빵보다 자유를 선택한 예수는 인간들이 믿음을 가질 기회를 박탈한 결과가 되었고, 교회가 자유를 감당할 능력이 없는 다수를 위한 빵을 제공하게 되었다는 것이다.

인간에 대한 대심문관의 얘기들은 부인하고 싶지만, 무척 아프게 들려온다. 인간은 자신에게 주어진 자유를 감당하지 못한 채 누군가를 찾아 반납한다. 나의 자유를 위탁할 상대를 찾기 위해 우상은 도처에 만들어진다. 물질적 욕망, 사회적 지위와 명예, 권력, 그리고 온갖 정치적 우상들. 그 우상들을 부셔버리지 못하는 한 인간은 속박의 굴레에서 벗어날 수 없다.

인간이 자유를 스스로 감당하지 못했고 그 결말은 불행했다. 근대의 새로운 불안이 사람들을 위협했고, 개인의 자유를 박탈하더라도 불안을 없애주겠다고 약속하면, 사람들은 그 관계 속으로 도피하거나 복종으로 도피해버린 것이다. 근대 이후 개인들이 겪어야 했던 고독과 무력증은 그래서 그들을 결국 파시즘의 품 안으로 투항하도록 만들고 말았다. 불완전한 자유의 비극적 결말이었다.

본래 키에르케고르에게 불안은 고통이 아니라 자유의 가능성을 의미했다. 인간은 무엇인가를 선택할 수 있는 자유가 주어졌기 때문에 그 선택의 결과에 대한 불안이 생겨나는 것이었다. 그러니 불안은 나쁜 것이 아니었고 고통도 아니었다. 물론 불안에는 고통도 따를 수 있지만, 마냥 부정적인 것으로 받아들일 일은 아니다. 실제로 불안이 인간의 삶을 긍정적으로 이끄는 측면을 우리는 발견한다.

사르트르도 말했듯이, 불안은 선택에 대한 책임에서 따라 나오는 것이기에, 인간은 불안함으로써 건강한 긴장을 유지하게 되고 자기 자신에 대해 객관적인 태도를 가질 수 있다. 인간의 자유로운 선택은 그 선택의 책임에 대한 불안을 낳는다. 하지만 그 불안은 좋은 불안이다. 자신의 선택에 대해 불안하기에, 인간은 무엇이 옳은 선택인가를 놓고 고민하게 된다. 그만큼 선택에 대한 긴장을 유지하게 된다. 선택한 이후에도 인간은 자신이 잘한 것인지, 그 과정을 성찰하게 된다. 이때 불안은 가치 있는 선택을 위한 자유의 가능성이다. 따라서 불안을 나약함으로 여기는 것은 잘못이고, 반대로 자신에게 주어진 선택의 자유로움을 포기하는 것이야말로 비겁한 일이라는 것이 실존주의의 관점이다. 선택의 결과에 대한 불안이 없다면 우리는 자신의 선택에 대해 긴장할 이유도 없고 마냥 흘러가는 대로 살아갈지 모른다. 불안하기에 성찰하고, 불안하기에 고민하며, 삶의 옳은 방향을 찾기 위해 노력하는 것이다.

불안이 인간의 본성과도 같은 것이라면 우리에게 필요한 것은 불안의 적정성을 유지하는 일이다. 그러니 불안이 가져다주는 긍정적인 긴장을 삶의 동력으로 삼아가는 지혜가 필요하다. 문제는 통제되지 않는 과도한 불안이 가져올 수 있는 자기 파괴의 위험일 것이다. 감정의 극단으로 치닫지 않고 나의 불안을 친구처럼 자연스럽게 받아들이고 껴안으면 어떨까.

내 생각대로
살아가기

∴

　나이 들어가면서 생각 드는 것 가운데 하나는, 자신의 개성에 따른 삶을 살고자 하는 욕구이다. 내 경우는 젊은 시절 이래로 오랜 세월 정치적 진영이라는 집단에 갇혀 살아왔기에 언제나 개인보다는 집단의 도덕이나 문화를 의식하는 삶을 살아왔다. 그리고 자신의 욕구가 집단의 도덕과 어긋날 때는 그 욕구를 죄악시했던 시절도 있었다. 이제 나이가 들고 나니 회한이 든다. 그것이 그럴 일이었을까, 인간의 본성적 욕구들을 집단적 규율 아래 숨기고 억압하던 삶은 과연 옳은 것이었을까. 이제는 까마득한 그 시절, '혁명'을 말하던 사람들 사이에서는 개인의 욕망은 통제받고 억압되어야 할 무엇이었다.

하지만 정반대 편의 철학을 가진 사람들 사이에서도 집단적 사고가 존재하기는 마찬가지였다. 오로지 세상에서의 성공을 위해 인생을 걸어야 한다는 가치가 전부인 것처럼 받들어졌다. 그러니 어느 쪽이든, 우리가 사는 사회는 하나의 인간형만을 미덕으로 찬미하며 모든 사람들이 그런 하나의 인간이 될 것을 권장하곤 했다. 사람에 대한 획일적인 요구는 획일적인 응답을 낳곤 한다. 그러나 삶의 가치라는 것은 사람마다 다른 것이고, 어떤 인간형이 좋은 것인가는 정답이 있을 수 없는 문제이다. 거기에는 옳고 그름이 있기 어렵고, 서로 존중해야 할 다름이 있을 뿐이다.

하나의 기준만이 절대시 되는 사회 속에서 우리가 갖는 생각도 개성을 잃은 채 하나의 것으로 닮아가 버린다. 나만의 색깔이 없어지고 모두가 같은 색깔로 동질화되고 만다. 생각해보면 그것처럼 무미건조한 삶도 없다. 그래서 보리스 파스테르나크는 『닥터 지바고』에서 이렇게 썼다. "어떤 사람이 기대했던 모습과 다르고 미리부터 갖고 있던 관념과 어긋나는 건 좋은 일이죠. 하나의 유형에 속한다는 것은 그 인간의 종말이자 선고를 의미하니까."

과연 나는 나의 생각을 갖고 살아가는 것일까. 내가 생각을 하지 않고 살다니, 무슨 소리냐고 반문하는 이들도 많을지 모르겠다. 살아가느라고 내 머릿속이 얼마나 복잡한데 말이다. 물론 우리는 끊임없이 생각하며 살아간다. 오늘 해야 할 일들을 생각하고, 어려움을 겪는 생업에 대해서도 생각한다. 그리 마음에 들지 않는 직장 분위기에 대해서도 생각하고, 나와 가족의 미래가 어떻게 될지에 대해서도 불안과 기대가 교차하는 생각을 떠올린다.

하지만 일상적으로 내가 하는 그 많은 생각들 가운데서 정작 내 머릿속에서 만들어지는 생각은 얼마나 될까. 그저 세상 다른 사람들이 만들어 놓은 기준과 잣대에 맞춰 습관과도 같은 생각만 하면서 살아가고 있는 것은 아닐까. 우리는 너무 많은 생각들을 외부에 의존하는데 길들여진 것이 사실이다. 내가 사는 의미가 나로부터 만들어지는 것이 아니라, 외부의 가치에 의해 주입되고 이입된다. 많은 부와 높은 지위, 화려한 명예를 선망하거나 그리는 나의 생각은, 사실은 나의 것이 아니라 세상이 만들어 내게 입힌 기성복 같은 것이었다. 그래서 내 몸에 안 맞아도 억지로 입어야 한다. 사회가 요구한 성공의 기준에 나를 맞추기 위해 무던히도 애를 쓰며 살아야 한다. 옷을 나에게 맞추는 것이 아니라, 내가 옷에 맞추고 있는 것이 우리들의 삶이 되고 있다.

우리는 세상 일에 대해 판단하는 것도 아주 습관적으

로 다른 사람들의 생각에 의존한다. 특히 자신이 속해 있는 진영의 집단적 사고에 자신의 생각을 일치시키는 일은 가장 흔한 현상이다. 자신의 생각이 집단의 생각과 같음을 확인하면서 자신이 집단의 일원임을 확인하고 안도하게 되는 심리적 속성을 갖고 있기 때문이다. 그것은 굳이 내가 속한 집단과의 불화를 겪는 일 없이, 가장 익숙하고 편하게 살아가는 방식이다.

하지만 이는 자신의 삶에 대한 주인으로서의 태도는 아닐 것이다. 칸트는 '미성년 상태'로부터 벗어나라고 우리에게 말했다. 칸트는 『계몽이란 무엇인가에 대한 답변』에서 계몽에 대한 자신의 생각을 이렇게 밝히고 있다.

> "계몽이란 우리가 마땅히 스스로 책임져야 할 미성년 상태로부터 벗어나는 것이다. 미성년 상태란 다른 사람의 지도 없이는 자신의 지성을 사용할 수 없는 상태이다. 이 미성년 상태의 책임을 마땅히 스스로 져야 하는 것은, 이 미성년의 원인이 지성의 결핍에 있는 것이 아니라 다른 사람의 지도 없이도 지성을 사용할 수 있는 결단과 용기의 결핍에 있을 경우이다. 그러므로 "과감히 알려고 하라!", "너 자신의 지성을 사용할 용기를 가져라!" 하는 것이 계몽의 표어이다."

대부분의 사람들이 다른 사람의 지도에서 해방된 뒤에도 미성년 상태에 머무르고, 다른 사람들이 손쉽게 후견인으로 들어앉는 이유는 게으름과 비겁함 때문이라고 칸트는 지적한다. 사실 미성년으로 머무르는 것은 무척 편안하다. 만약 나에게 나를 대신해서 지성을 갖고 있는 책이 있고, 나를 대신해서 양심을 갖고 있는 목사가 있고, 나를 대신해서 음식을 준비하는 요리사가 있다면, 나는 조금도 수고할 필요가 없을 것이다. 내가 그런 일에 보수를 지불할 능력만 있다면 나는 생각할 필요조차 없다. 다른 사람들이 나를 대신해서 골치 아픈 일거리를 다 떠맡을 것이기 때문이다.

그래서 "거의 천성이 되다시피 한 미성년 상태에서 벗어나는 것은 매우 어려운 일"이라고 칸트는 말한다. 그렇듯 어렵지만, 다른 사람의 지도 없이도 나 스스로 지성을 사용하는 것이 성년이 된 인간의 모습이다. 그래서 칸트는 말한다. '사페레 아우데Sapere aude!', 너 자신의 지성을 사용할 용기를 가지라고.

그러나 특히 나보다 사회적으로 높은 지위에 있거나 영향력을 가신 사람 앞에 서면 나의 생각은 작아지는 경향이 있다. 실제로 우리는 흔히 사회적 명망을 가진 사람들이나 인플루언서들의 말이라면 쉽게 믿고 따르는 습관이 있다.

그들이 갖고 있는 사회적 영향력 때문이기도 하고, 집단 속에서 사고하려는 안이함 때문이기도 하다. 그래서 프랑스 역사학자 폴 벤느는 『그리스인들은 신화를 믿었는가?』에서 "진실들 사이의 관계는 힘의 관계"라고 말했다. 사람은 상대가 존경스러운 인물인 경우에 그가 하는 말을 의심하지 않는다는 것이다.

그러나 우리가 많은 경험을 했듯이, 사회적 지위나 영향력이 진실을 무조건 보증하는 것일 수는 없다. 결국 우리는 다른 누구의 어떠한 견해에 대해서도 의심하고 회의할 수 있는 성찰의 태도를 내려놓지 말아야 한다. 누구의 얘기가 진실인가는 사회적 권력관계에 의해서 가려질 문제가 아니다. 진정으로 깨어있는 사람은 어떤 우상도 만들지 않는다.

자신의 얼굴을 잃지 않고 살아가는 것은 가능한 일일까. 로베르트 무질의 소설 『특성 없는 남자』는 분열된 나라 카카니아의 상황과 이를 통일할 하나의 위대한 이념을 찾으려는 '평행운동'에서 이념과 반대이념들이 부딪치기만 할 뿐 아무 일도 일어나지 않는 시대의 모습을 보여주고 있다. 파편화된 시대 상황 속에서 종교, 국가 등은 결속력을 잃었고 모든 것이 기술과 통계로 설명된다. 그래서 사람들은 개성을 가진 개인이 아닌, 반복되는 타입의 변형으로 해체되어 실존의 위기를 마주하게 되었다. 이러한 시대에 주인공 울리히는 외부에서 주어지는 특성들에 무관심하고 이 특성들과 자신을 동일시하지 않는 '특성 없는 남자'이다. '특성 없음'은 완성되어 주어진 세상에 대한 거부인 동시에 '나'에 대한 요구, 나의 삶에 대한 요구이다. 소설에서 울리히는 끊임없이 기존의 삶과는 다른 삶의 가능성을 모색한다. 무질의 바람처럼, 특성 있는 남자를 요구하는 시대 속에서 우리는 특성 없는 남자가 되어 나의 개성을 지키는 삶을 살아갈 수 있을까.

목수는 연장을 탓하지 않는다

⋮

　이십 수년 동안 방송생활을 하면서 기억에 남는 자부심이 하나 있다. 그렇게 많은 방송들을 했으면서도 지각을 한 적이 단 한 번도 없었다는 점이다. 가늠조차 하기 어렵지만 아마도 최소한 수 만회 이상은 방송 출연을 했을 텐데, 시간에 늦은 적이 한 번도 없었다는 것은, 자화자찬이라는 소리를 듣더라도 잘한 일이었다고 생각한다.

　내가 주로 출연했던 시사 프로그램 방송들은 대체로 이른 아침 시간대에 편성되는 경우가 많다. 그래서 방송을 본격적으로 시작하고 나서 매일 아침 6시 이전이면 집을 나서곤 했다. 어느 해인가는 KBS 라디오에서 새벽 5시에 들어가는 생방송 프로그램의 고정 패널을 하게 되어 매일 새벽 4시면 집을 나서는 생활을 1년 동안 했다. 그때는 정말 밤에 잠을 마음 놓고 잘 수가 없었다. 자면서도 불안해서 긴장을 하다 보니 숙면을 취하는 것이 불가능했다. 오히려 진행을 맡은 아나운서들은 가끔 밤에 마신 술이 덜 깬 상태로 스튜디오에 앉아 방송을 시작했다가 방송사고가 나는 일도 있었지만, 나는 비가 오나 눈이 오나 어김없이 제시간에 스튜디오를 지켰다.

그것은 자신이 맡은 일에 대한 성실성의 문제였다. 카뮈의 소설 『페스트』에는 바로 그 성실성에 관한 얘기가 나온다. 오랑 시에 페스트가 확산되면서 외부와 차단된 도시에는 큰 혼란과 고통이 닥친다. 의사 리유, 그의 동지 타루, 기자 랑베르 등 목숨을 걸고 페스트와 싸운 사람들의 헌신적인 노력으로 시민들은 페스트로부터 해방을 맞게 된다. 사람들이 죽어가는 것을 지켜만 보고 있던 무능한 정부와는 달리, 의료인들은 자신의 목숨을 걸고 페스트와 싸운다. 소설의 마지막에, 리유가 랑베르에게 말한다. "이 모든 일은 영웅주의와는 관계가 없습니다. 그것은 단지 성실성의 문제입니다. 아마 비웃음을 자아낼 만한 생각일지도 모르나, 페스트와 싸우는 유일한 방법은 성실성입니다." "성실성이 대체 뭐지요?"라고 랑베르가 묻자, 리유는 이렇게 말한다. "내 경우로 말하면, 그것은 자기가 맡은 직분을 완수하는 것이라고 알고 있습니다." 목숨을 걸고 페스트 퇴치의 선봉에 섰던 의사 리유는 자기의 직분에 대한 성실성을 그렇게 강조했다.

우리들의 일에 관해서도 마찬가지이다. 시대가 변하고 트렌드가 달라진다 해도 바뀔 수 없는 것이 있으니, 바로 자기 직분에 대한 성실함의 가치다. 코로나19 확산이 계속되었던 몇 년의 시간동안 온갖 고생을 감수하며 묵묵히 헌신했던 의료인들의 모습이 그런 것이었다.

이제는 수술의 후유증 때문에 방송 생활을 그만 두었지만, 내가 그렇게 오랜 세월 방송을 할 수 있었던 것이 무슨 특별한 재주가 있어서는 아니라고 생각한다. 물론 정치를 읽어 나가는 안목이나 말로 풀어내는 능력도 어느 정도는 있었겠지만, 자기가 하고 싶은 일에 대해 그래도 성실하게 임했던 태도가 가장 중요했다는 생각을 갖고 있다.

방송을 처음 시작할 무렵의 일들이었다. 내가 하고 싶었던 방송 일이었기에 조금이라도 더 잘하기 위해 최선을 다했다. 방송 아카데미 학원을 찾아가 아나운서 출신의 원장 선생님에게 개별 지도를 해달라고 해서 발성 훈련을 했다. TV 방송을 하기 전에는 혼자 입에 볼펜을 물고는 발성 연습을 하기도 했다. 라디오 방송에 출연하고 나면 녹음된 테이프를 부탁하고 받아와 차에서 다시 들으며, 고칠 점들을 찾아내곤 했다. 반복되는 말, 나쁜 말 습관 같은 것들을 교정해서 제한된 시간에 가장 알찬 내용을 말하기 위해 노력했다. 아마도 그런 성실한 노력이 있었기에 정치적 시류에 따라 부침은 있었지만, 그래도 오랜 세월 방송에서 살아남을 수 있었던 것 아닌가 생각된다.

우리 때와는 직업의 트렌드가 많이 달라졌다고 한다. 우리 세대들은 한 곳에서 오래 일하는 것을 최선으로 생각하며 살았다. 그것이 가장 안정된 길이라고 믿었기 때문이다. 그런데 이제는 그게 아닌 시대가 되었다. 더 좋은 일자리를 찾아 끊임없이 이직하는 것이 지극히 자연스럽고 당연한 트렌드가 되었다. 야근도 없어서 '저녁이 있는 삶'이 가능한 곳, 권위적인 상사의 눈치를 보지 않고 마음 편히 일할 수 있는 곳, 연봉과 인센티브가 잘 나오는 곳, 사원 복지가 잘 갖추어져 있는 곳을 찾는 노력이 직장인들 사이에서 쉬지 않고 경주된다. 자기가 그만한 능력이 있다면 더 좋은 조건의 직장으로 이직하려는 풍조는 일면 당연한 것일 수 있다.

하지만 그 과정에서 놓쳐서는 안 될 것이 있다. 지금 자신이 속해 있는 곳에서 최선을 다하는 모습이 필요하다는 점이다. 물론 이직에 대한 욕망은 현재에 대한 불만에서 비롯되는 경우가 많다. 자기가 일하고 있는 직장에서 받는 스트레스나 불만으로 인해 다른 곳으로 가고 싶은 욕구가 있을 수 있다. 하지만 '목수는 연장을 탓하지 않는다'는 말이 있다. 어떤 일이 잘되지 않을 때 핑계를 대고 책임을 주변으로 돌리지 말라는 얘기이다. 주변의 여건이 그리 좋지 않다 해도, 자신이 제대로 하면 더 나은 성과를 내거나 자신의 가치를 높이는 경우는 무척 많다. 진짜 내공이 있는 사람은 불만스러운 환경에 휘둘리지 않고 자기의 중심을 잡아 소기의 성과를 내는 사람이다.

일하기에 더 좋은 곳으로 가고자 하는 욕구를 부정할 수는 없다. 하지만 그것이 지금 내가 있는 곳에서 불성실하거나 소홀한 모습으로 나타나게 된다면, 그것은 자신의 퇴보를 가져올 위험이 크다. 중요한 것은 어디에 있든 간에, 제대로 일을 해낼 수 있는 '나'라는 사람이기 때문이다.

인생은 무척 길다. 조금은 긴 호흡으로 내다보며 설계해도 좋을 만한 시간적 여유를 우리는 갖고 있다. 조그마한 불만족도 한시도 참지 못하고 내일 당장 다른 곳으로 옮겨 갈 생각을 하는 모습이라면, 새로운 곳에 간들 그것으로 문제가 해결되기는 어렵다. 떨어져서 볼 때는 지금 여기보다 나을 것이라고 생각되겠지만, 막상 그곳은 그곳대로의 어려움이 있을 것이다. 크게 보면 세상의 이곳저곳들은 결국은 비슷한 경우가 많다. 그러면 또 가자마자 이직을 다시 생각하게 되는 결코 권유하기 어려운 정처 없는 길로 들어서게 된다.

그러니 어디에 있든, 일단은 성실한 태도를 갖고 자신의 실력을 쌓으며 일을 하는 것이 필요하다. 그러다 보면 자신의 가치도 올라가는 것이고, 훗날 좀 더 자유로운 선택의 반경이 넓어질 수 있다. 너무 조급하게 안달하면서 사는 것은 결코 자신의 발전을 가져오는 길이 아니다. 지금 내가 일하는 곳에서 인정받지 못하는 사람이, 이직을 한다고 근본적인 문제가 해결되지는 않을 것이다.

물론 훌륭한 목수들에게는 좋은 연장에 대한 욕심이 있다. 하지만 좋은 연장을 사들이는 것 보다 중요한 것은, 그 연장을 평소에 어떻게 잘 관리하느냐 하는 것이다. 연장을 잘 갈고 닦아 준비된 목수만이 정확하고 훌륭하게 작업을 해낼 수 있다. 결국 중요한 것은 자기의 준비이다. 자기가 있는 곳을 탓하기 이전에, 어디서든 꾸준히 준비하는 사람이 오래 살아남을 수 있다.

4부

나이 들어간다는 것

"우리의 정원은 우리가 가꿔야 합니다."

— 볼테르, 『캉디드 혹은 낙관주의』

나이 든다는 것은
생각만큼 슬프지 않다

내 나이가 이미 60이 넘었다. 지난 대선 때 여론조사 세대별 분석을 보니 60대와 70대를 굳이 나누지 않고 그냥 '60대 이상'으로 통쳐서 분류하는 경우가 대부분이었다. "아, 60대와 70대는 엄연히 다른데…", 억울한 생각도 들었지만, 세상 사람들 눈에는 인생의 마지막 끝단에 있는 세대로 보이는 것 같다.

내가 60대가 되는 일을 상상해 본 적이 없었다. 얼마 전에 했던 인터뷰 기사에 내 나이가 괄호 안에 나왔는데, 내 것이 아닌 것 같아서 어색하기만 했다. 몇 달 전에 이사를 하느라고 옛날 사진이 담긴 앨범들을 꺼내서 정리했다. 앨

범을 펼치니 10살도 되지 않은 내가 강아지를 껴안고 사진 속에 있었다. 제법 귀여웠다. 그 시절의 어린 내 모습이 조금도 낯설지 않게 느껴지건만, 어느덧 60이 넘었음을 마음으로부터 순순히 받아들여야 할 때가 되었다.

물론 나이가 들고 늙어간다는 것은, 다시는 청춘으로 돌아갈 수 없는 슬픈 현실이다. 폴 고갱의 그림을 봐도 그렇다. 그의 대표작 「우리는 어디서 왔는가, 우리는 무엇인가, 우리는 어디로 가는가」에는 인생의 경로가 그려져 있다. 그림의 시작인 가장 오른쪽에는 조용히 잠들어 있는 아기와 젊은 세 여인이 있다. 이어서 그림의 중앙에는 두 팔을 올려 과일을 따고 있는 젊은이, 과일을 먹고 있는 여성이 그려져 있다. 그리고 그림이 끝나는 가장 왼쪽에는 죽음을 기다리는 듯이 고통과 절망에 찌든 모습으로 앉아 있는 노파가 있다. 고갱은 인간이 태어나서 성장하고 결국은 늙어가는 길을 그렇게 하나의 긴 화폭에 담았다. 이 그림에서 노인은 자기 머리를 쥐어뜯으며 괴로워하는 모습으로 표현되었다. 인간이 나이 든다는 것이 그렇게도 슬프고 괴로운 일이던가.

나는 마침 투병의 시간과 나이 60이 넘는 시간을 동시에 겪게 되었다. 수술 후유증으로 몸의 이곳저곳이 불편해서 예전과 같은 사회활동을 하기 어렵게 되었다. 게다가 60

이라는 숫자가 주는 느낌이 전혀 다르다. 단지 기분만이 아니라, 실제로 몸이 전과 다르게 둔해졌음을 느끼게 된다. 민첩하지 못하다. 이게 수술 후유증 때문인지, 신체의 노화 때문인지 분간이 되지 않는다. 그 원인이 무엇이든, 이제 신체와 정신의 노화를 본격적으로 내다보며 대비해야 할 때가 되었음을 생각하게 만든다. 생각하기에 따라서는 무척 슬픈 일임에 사실이다. 전과 같지 않을 뿐더러, 그렇다고 시간을 되돌릴 수 없는 불가역적인 일임을 알기 때문이다.

그렇다고 나이 들어가는 것을 우울하고 슬프게만 받아들일 필요는 없다. 나의 아름다움은 젊은 겉모습으로 드러나는 것이 아니다. 청춘 시절보다 더 무르익은 내면의 성숙함이야말로 빛 바라지 않는 내면의 아름다움을 가꾸어 준다. 젊어도 추할 수 있고, 나이가 들고 늙어도 아름다울 수 있는 것이 인간이다. 나이 든다는 것은 젊음을 잃는 것이지만, 젊은 시절에 누리지 못했던 새로운 삶에 대한 기대가 우리를 기다린다. 불편한 것들은 몸의 이곳저곳에 생겨났지만, 행복한 마음으로 자기 삶을 찾아가는 데는 아무런 지장이 없다. 예전처럼 열정적으로 여기저기 다니며 일하던 삶은 이제 어려워졌지만, 그 대신 자신을 돌보며 삶의 여백을 새롭게 채워갈 시간이 기다리고 있다.

먹고 사느라 의무적으로 해야 했던 일들에서 한발 비

켜, 이제는 내가 하고 싶었던 것들을 하면서 살 수 있는 것이 은퇴 이후의 생활일 수 있다. 아내와 함께 곳곳에 있는 좋은 길들을 찾아가 아름다운 풍광 속에서 트레킹을 하고, 이제는 시간적 여유가 있으니 제주 바닷가 카페에 앉아 '바다멍'을 하고, 좋아하는 공연들을 찾아다니며 감흥의 출렁임을 느끼고, 건강을 지키기 위한 운동을 즐겁게 하고, 아무런 목적 없는 자유로운 독서를 하고, 자기 여건에 맞는 일들을 찾아서 하고… 젊은 시절 아이들 키우며 전쟁 치르듯이 사느라 누리지 못했던 것들이, 이제 비로소 내 것들이 되고 있다. 어쩌면 본시 살고 싶었던 삶을 이제서야 살게 되었다는 생각이 들 때가 많다.

   나이 들어간다는 것, 병마로 삶이 한번 꺾인다는 것은 슬픈 일이기도 하지만, 반대로 평생 살아보지 못했던 고즈넉한 삶에 대한 설렘 같은 것이 새롭게 생겨나기도 한다. 설마하니 나이 60이 넘어서도 앞으로의 삶에 대한 설렘이 가능하리라고는 생각해 본 적이 없었다. 그런데 막상 그 나이가 되니 그런 마음도 가능함을 알게 되었다. 그러니 인생이란 직접 거치고 겪어봐야 비로소 하나씩 알게 되는, 마지막까지 미지의 영역이기도 하다.

   루소는 67세의 나이로 죽기 직전에 집필했던 『고독한 산책자의 몽상』에서 죽음을 향해 늙어가는 자신의 마음을 표현했다. 루소는 "경주가 다 끝나가는 마당에 마차를 잘 모는 법을 배운들 무슨 소용이랴?"며 "그때는 오직 어떻게 그 경기장에서 나올 것인가를 생각해야 하지 않겠는가? 늙은이의 공부는, 아직도 해야 할 공부가 남아있다면, 오직 죽는 법을 배우는 것뿐"이라고 말했다.

그가 아직 남아있다고 한 공부란 인내, 온유함, 체념, 청렴, 공평무사한 정의 같이, 자기 자신과 함께 가져갈 수 있는 자산들을 의미했다. 그런 것들은 죽으면 가치가 사라지지 않을까 하는 두려움 없이 계속 쌓아나갈 수 있는 것들이었다. 그래서 루소는 "바로 이 훌륭하고 유익한 연구에 내 남은 노년을 바치고자 한다"고 다짐했다. "나 자신의 진보를 통해, 최상의 모습은 아니더라도 생에 발을 들여놓던 시절보다 더 덕성스러운 모습으로 생을 마감하는 법을 배운다면 더 행복하리라!"던 것이 노년을 맞은 루소의 얘기였다.

인간은 끊임없이 다시 태어날 수 있는 존재다. 누구나 생물학적으로는 단 한 번 밖에 살 수 없지만, 자신이 마음먹기에 따라서는 이제까지와는 결이 다른 새로운 삶을 살 수 있다. 그러니 우리는 몇 번의 삶을 살 기회를 갖고 있는 셈이다. 나이가 들고 늙어간다는 것은 삶의 막이 하나 내려지는 것일 뿐, 인생의 새로운 막은 다시 올라가게 된다. 그러니 나이가 든다는 것은 그리 슬프지 않은 일이다.

지금도 일하는 나,
감사한 마음으로 산다

:

 뇌수술을 하고 온몸이 만신창이가 되어 중환자실에 누워있을 때, 이제 세상에서의 일은 끝났구나 생각했었다. 마치 폭탄이라도 맞은 듯이 몸 구석구석 어디 하나 멀쩡한 곳이 없었다. 그나마 목숨을 건진 것이 다행이니, 이제 하던 일들은 다 접고 세상에서 물러나서 조용히 삶의 여백을 채우며 살아야겠다고 생각했다. 약물의 영향으로 아직 정신이 비몽사몽하던 그 시간, 어느 한적한 바닷가 마을에서 내가 살고 있는 장면이 머릿속에 그려졌다. 그때 아내는 저녁을 준비해놓고 마을 어디엔가 나가있던 나를 부르러 왔다. 미처 정신이 제자리로 돌아오기도 전에 현실의 세계와 상상의 세계가 그렇게 교감하고 있었다. 생에 대한 집착을 내려놓았던, 그리고 다시 생을 찾게 된 경험을 가진 사람만이 이해할 수 있는 마음일 것이다.

그때 문병왔던 아내의 친구는, 내가 다시 일어서지 못할 것으로 생각했다는 얘기를 나중에 전해들었다. 보기에 그럴 만도 한 몸 상태였다. 그런데 천신만고 끝에 다시 일어서게 되었다. 수술한 대학병원의 재활의학과에 갔더니, 이제 다 나았으니 더 이상 오지 않아도 된다는 얘기를 들었다. 하지만 나는 남아있는 여러 후유증들이 불편해서 혹시나 하는 마음을 갖고 한방병원을 찾아갔다. 내가 어떤 수술을 했는지 얘기를 들은 선생은 믿지를 않는 것이었다. 그렇게 위험한 부위를 수술했는데, 이렇게 멀쩡하게 다닐 수가 없다는 것이었다. 갖고 간 MRI 영상을 살펴본 선생은 "로또를 맞으신 겁니다. 그런 수술을 하고 이렇게 멀쩡하게 다니는 사람은 처음 봅니다"라고 한다.

재활병원에 있으면서도 그런 얘기를 자주 들었다. 내가 수술한 연수(숨골) 부위는 사람의 생명과 관련된 중추신경들이 다 지나는 곳이라 매우 위험한 곳인데, 거기에 난 종양 수술을 하고 이렇게 회복이 빠른 사람은 처음 본다는 얘기를 듣곤 했다. 나로서는 여전히 이런저런 후유증들이 남아있는 것이 불편한데, 다른 사람들이 보기에는 억세게 운이 좋은 사람이었던 셈이다. 그러니 몸이 불편한 구석이 남아 있어도 병원에 가서는 하소연도 못한다. 의사 선생들은 듣고서도 무시해버리니 말이다.

  이 정도로 몸이 회복되고 나니, 이제 끝난 줄로 생각했던 일들도 어느 정도는 다시 할 수 있게 되었다. 물론 나의 주업이었던 방송활동은 더 이상 하기 어렵다. 수술로 인해 혀가 마비되는 후유증이 생겨났고, 시간이 지나면서 회복되어 일상에서의 대화를 나누는 데는 아무런 지장이 없는 정도까지 되었다. 다만 혀의 힘이 약해서 발음이 살짝 어눌해진 것은 시간이 지났는데도 남아있다. 그래서 병원에서 나오면서 방송생활은 은퇴한 것으로 생각했다. 그래도 시간이 더 지나고 혀가 아주 천천히 조금씩 회복되면서 방송에 출연할 기회들도 좀 있었다. 유튜브 방송들이야 비교적 편하게 할 수 있어서 큰 어려움은 없는 편이었지만, 일반 채널의 방송들은 여러 가지로 좀 힘든 것들이 있었다. 방송을 한번 하려면 사전에 혀운동과 발음 연습을 하면서 신경을 많이 써야했고, 특히 방송하면서 발음이 어떤지 촉각을 곤두세우게 되니 은근히 스트레스가 쌓였다. 방송을 만드는 쪽에서도 다른 출연자들에 비해 뭔가 발음이 살짝 어색한 내가 부담스러웠을 것이다. 그래서 영영 못 할 줄 알았던 방송도 해보았다는 정도에서 만족하는 것이 낫겠다고 생각을 했다. 너무 미련을 갖고 욕심을 낼 일이 아니었다.

그런데 사람이 사는 게 참 그렇다. 하나를 잃게 되면 다른 하나를 얻게 되는 것 같다. 방송을 그만두었으니 완전히 백수가 되었을 만도 한데, 그 대신 원고 청탁들이 이어지니 글 쓰는 일이 주업이 되었다. '이 없으면 잇몸'이라는 말이 그래서 있는 걸까. 혀에 이상이 생겨 방송을 못 하니 손가락으로 하는 글쓰는 일들이 많아졌다. 사실 글쓰는 일은 수술하고 병원에 있을 때부터 다시 시작하기는 했다. 병원에 입원해 있으면서도 매체에 칼럼도 쓰고 책도 써서 냈다.

그렇게 다시 시작한 글쓰기는 병원에서 나온 이후로 하나씩 계속 늘어났다. 여기저기 여러 매체들에서 고정 기고를 해달라는 요청들이 이어졌다. 특별한 이유가 없으면 수락을 하다 보니, 매달 고정적으로 집필하는 원고들이 제법 되었다. 매주 쓰는 원고, 격주로 쓰는 원고, 월 단위로 쓰는 원고, 여러 군데 다양한 원고들을 쓰다 보면 한 달이 금방 지나가 버린다. 내 휴대전화에 깔려있는 캘린더 앱에는 항상 원고 마감 날짜들이 촘촘하게 입력되어 있다. 백수가 된 줄 알았더니 그게 아니었다. 올해 종합소득세 신고를 하는데, 지난해의 소득이 그전 해에 비해 껑충 뛴 것으로 나왔다. 끝난 줄 알았는데 끝난 게 아닌가 보다 싶었다.

여러 가지로 복이 많은 인생이라는 생각을 하면서 지낸

다. 몸이 아파서 한동안 세상에서 사라졌던 사람인데, 나를 잊지 않고 찾아주는 사람들이 여전히 많음이 고맙다. 어디 여행을 가도 묘하게도 일이 따라다닌다. 제주 한 달 살기를 갔더니 제주시 문화도시센터나 애월에 있는 서점 '그림책방&카페 노란우산'에서 내가 막 출간한 투병기 책을 갖고 북 콘서트 자리를 마련해 주었다. 건강 때문에 제주에서 지내고 있는 홍혜걸 박사가 연락을 해서는 의학 전문 유튜브 방송 〈비온뒤〉에 출연해달라고 해서 방송에 나가 투병에 얽힌 얘기들을 나누었다. 우리 부부가 장모님을 모시고 '강진 일주일 살기'를 간 적도 있었는데, 마침 강진 특집을 준비 중인 지역관광 매체 〈모다Moda〉에서 원고청탁을 해와 기행기를 쓰기도 했다. 일복이 있는 건지. 여행을 다니면서 일도 하고, 이렇게 복 받은 사람이 또 있을까 하는 생각이 들어 감사했다.

똑같은 삶이라도 자신이 어떻게 받아들이느냐에 따라 전혀 다르게 보이는 법이다. 하필이면 그런 병마에 시달려서 아직도 몸이 불편하고 방송이라는 생업도 접게 된 것에만 집착하면, 무척 측은한 생각이 들 수도 있을 것이다. 하지만 병마를 견뎌내고 다시 일어나 새로운 삶을 살 수 있게 되었으니 그것만으로도 감사한 일이다. 덕분에 소음 투성이인 세상의 복잡한 일들에서 물러서서 자신을 돌보는 삶을 살고 있으니 전화위복이라는 생각을 가질 법하다.

그렇게 나는 지금의 삶에 만족하며 감사한 마음으로 살아가고 있다. 과거처럼 일에 쫓기면서 정신없이 살고 싶은 생각은 없다. 방송활동도 많아 한창 바빴던 시절, 아파트 뒷길에 쌓여 있는 낙엽들을 보고 나서야 "아, 가을이 가는구나"를 떠올렸던 때가 한두 번이 아니었다. 대체 뭐 그렇게 대단한 일을 하면서 살았기에 가을이 오고 가는 것도 제때 알지도, 느끼지도 못하고 살았을까.

더는 그렇게 살지 않을 생각이다. 뇌 수술을 했기에 뇌를 혹사시키지 말고 쉬어가면서 일을 해야 오랫동안 건강하게 하고 싶은 일을 하며, 살고 싶은 삶을 이어갈 수 있다. 그렇게 보면 절반은 은퇴하고, 절반은 일하는 지금에 만족하고 있다. 물론 더 욕심을 낼 수도 있겠지만, 삶의 최악의 상황을 받아들일 마음까지 가졌던 내가 그런 미련을 갖는 것은 지나친 집착일 뿐이다.

요즘은 딸내미가 내 일을 은근히 부러워하는 것 같다. 큰딸은 회사에 다니고 있다. 취업 전쟁을 치를 때만 해도 합격 소식에 기뻐하던 아이였지만, 이제는 누구나 그렇듯이 직장 생활이 힘들다는 것도 많이 느끼는 것 같다. 그런 딸에게 은퇴한 것 같기도 하고 아닌 것 같기도 하고, 그러면서 스트레스받지 않고 자유롭게 살면서 어지간히 돈을 버는 아빠의 모습이 이제는 제법 부러운 모양이다. "나도 아빠처럼 일하면 좋겠다." 평생 프리랜서로 일해온 아빠의 일을 어떻게 생각하는지 좀처럼 내색을 하지 않던 큰딸이 그런 얘기를 하는 것을 들었다. 왠지 속으로 우쭐해졌다. 세상에서 쓸모 있는 일을 하는 것은 이제 다 끝난 줄 알았는데, 그게 아닌 것 같으니 말이다. 딸이 부러워하는 삶을 사는 아빠는, 유치하게도 속으로 우쭐하게 된다.

돈, 나이 들수록
더 필요하다는 진실

　이런 인문 에세이 책을 쓰면서 돈 얘기를 쓰는 것은 참 안 어울리는 일이다. 세속적이라는 얘기를 들으면서 굳이 이런 얘기를 넣을 필요가 없을지 모른다. 그런데 그렇게 하면 마음에 찔린다. 나이 들어서 본래 살고 싶었던 삶을 산다, 나이 들어서도 앞날에 대한 설렘 같은 것이 생겨난다, 이런 얘기들은 사실 먹고 사는 것이 어느 정도 해결되어야 가능한 것들이다. 나이 들어 은퇴했는데 당장 먹고 살 것이 없는 상황이라면, 나이 들어도 살만하다거나 고즈넉하다는 얘기를 하기 어려울 것이다. 어느 정도 먹고 살 수 있는 경제적 토대가 갖추어질 때 할 수 있는 얘기들이다. 그것을 있는 그대로 말하지 않으면 배부른 자들의 거짓말이 될 수 있다.

내가 굳이 이런 얘기를 꺼내는 것은, 노년에 대한 경제적 대비 같은 것은 아예 입에도 담지 못하게 만드는 어떤 필자들의 모습이 낯설어서이다. 나는 진보적인 언론들에 종종 실리는 '돈이 없어도 아름다운 영혼만 간직하면 행복할 수 있다'는 식의 칼럼들을 별로 신뢰하지 않는 편이다. 그런 글을 쓰는 이들은 좋은 것을 향유하고자 하는 다른 사람들의 욕망을 천박한 탐욕 같은 것으로 단죄하곤 한다. 나도 진보적 세계관을 갖고 세상과 삶을 바라보던 시절이 있었지만, '함께 가난하게 살면 우리는 행복하다'는 식의 사고에는 더 이상 동의하지 않는다. 욕망은 지나치면 탐욕이 되어 자신과 남들을 해치는 흉기가 되지만, 인간의 본성인 욕망은 적절히 조절되기만 하면 우리들에게 행복한 삶을 열어주는 열쇠가 되기도 한다. 물론 물질적 욕망으로부터 초연한 삶에서 자기를 발견하며 행복을 느끼는 사람들도 있을 것이다. 하지만 그런 삶에서 별 행복을 느끼지 못하는 훨씬 많은 대다수의 사람들에게는 경제적 궁핍은 자유가 아니라, 돈 때문에 구속당하는 노예 같은 삶을 낳게 된다.

물론 우리 인생에서 돈이 전부가 아니고 그래서도 안 되지만, 돈 없이는 살 수 없는 것도 우리들의 인생이다. 자본주의 아래에서의 물신주의를 비판하는 철학자들이나 생태주의자들의 목소리에도 귀 기울일 필요는 있지만, 그렇다고 내 손에 돈이 없으면 삶의 자유를 얻기 어렵다는 진실은 숨긴다고 감추어질 수 없다.

내 형제들이 돈 때문에 인생의 몰락을 겪는 과정을 지켜보면서 살았다. 큰 형은 경제관념이 전혀 없이 자라더니, 나중에는 경제범죄를 저질러 감옥에 가기도 하고 방탕한 생활을 하다가 부모님의 집까지 날리고 집안을 망하게 만들었다. 결국 혼자 떠도는 삶을 살다가 스스로 목을 매서 싸늘한 주검이 되어 돌아왔다. 그가 남긴 수첩에는 온갖 고리대로 버텨왔던 내역들이 빽빽이 적혀있었다. 그렇게 돌려막으면서 연명을 하다가 생을 포기했던 것이다. 경찰의 연락을 받고 달려가서 시신을 확인한 나는, 부모님들이 충격받을까 걱정되어 알리지도 않은 채 화장터에 유골을 뿌리고 돌아왔다. 둘째 형은 좋은 대학에 좋은 회사의 임원까지 지내고서도 노후준비를 제대로 하지 않아 퇴직 후에 속절없이 경제적으로 몰락했다. 어떻게 되겠지 했다가 점차 나락으로 떨어지고 말았다. 그래도 가족들이 힘을 합해 살 수 있는 방법이 있었을텐데, 다른 가족들 원망만 하며 부모형제들과 의절하고 결국 남남이 되었다.

앞으로 살아갈 길에 대해 정신차려 대비하지 않는다면

인생이 순식간에 파탄을 맞을 수 있다는 것을 내 형제들을 통해서 지켜보았다. 그래서 나는 재화에 대한 관심을 굳이 터부시하는 사람들의 인생관이나 교육관에 동의하지는 않는다. 물론 다른 사람들에게 피해를 주면서 자신의 탐욕을 이루려는 행위는 삼가해야 할 일이다. 하지만 자신의 인생을 가꾸고 원하는 삶을 살기 위해서 재산을 늘려나가는 노력은 지극히 자연스러운 욕구라고 생각한다.

이런 내게 투병 이후에 겪었던 시간들은 돈이라는 것에 대해 다시 한번 생각할 계기를 주었다. 지금은 몸이 많이 회복되어 여러 매체에 글 쓰는 일을 하고 있어, 그래도 어지간한 용돈 벌이 이상은 하고 있다. 그런데 수술하고 병원에 있을 때만 해도 그런 기대를 접었었다. 당장 일어서기만 해도 혈압이 뚝 떨어져 의식을 잃고, 식도가 열리지 않아 음식도 먹을 수 없는 사람이 일은 무슨 일이겠는가. 그저 건강한 몸으로 다시 일어설 수만 있으면 다행일 뿐, 경제활동을 하고 못 하고는 더 이상 중요한 문제가 아니었다.

그런데 그런 상황은 어느 날 갑자기 우리를 찾아온다. 평소 건강을 자신해서 오랫동안 일을 계속할 수 있을 것으로 믿었기에, 그렇게 큰 병으로 대책없이 누워버리는 상황을 예상하지 못했다. 아무리 건강만 되찾으면 된다고 말하지만, 그래도 당장 경제활동을 못 한다고 생각하니 가정경제에 대한 불안감이 없을 수 없었다. 평생 부지런히 일해왔기에 자기 집도 있고 그랬지만, 느닷없이 찾아온 은퇴 상황은 먹고 사는 문제를 어떻게 해결해야 할지에 대한 걱정을 낳게 만들었다. 그때 아내가 얘기해 준 것이 연금저축이었다. 나는 알지도 못하게 아내가 오랜 기간 납입해 온 연금형 저축들이 있었고, 이제 나이가 되어 하나씩 지급받을 수 있다는 것이었다. 가뭄에 내리는 단비와도 같았다. 지급 기간이 종신은 아니지만, 매달 나오는 연금은 우리 부부가 지내는데 요긴한 도움이 되고 있다. 이제 수급 나이가 되어 국민연금도 곧 수령하게 되니, 이것저것 모으면 그냥 사는 데 큰 어려움은 없을 듯하다.

 은퇴를 하고 나면 연금이 얼마나 요긴한 것인지 실감하게 된다. 나 같은 프리랜서야 공무원도, 사립학교 교원도, 군인도 아니었으니 노후를 보장해줄 수 있는 평생연금은 없다. 하던 일들을 다 그만두어도 퇴직금을 주는 곳도 없다. 프리랜서나 자영업자들이 특별히 안게 되는 부담이다. 누가 대신 책임져주지 않으니, 스스로가 은퇴 이후를 대비하는 것밖에 다른 방법이 없다.
 가능하다면. 경제활동을 한창 하고 있을 때 개인연금

이나 암보험 같은 사보험으로 앞날을 대비한 안전장치들을 준비하기를 권하고 싶다. 물론 국민연금은 기본이다. 국민연금이 바닥날 것이라는 이런저런 얘기들도 많은데, 나라가 망하지만 않는다면 어떻게든 국가가 지급을 책임지는 것이 국민연금이라고 생각하는 것이 상식이다. 가능한 데까지 최대한 납입하는 것이 좋다. 그런데 국민연금만 갖고는 노후를 대비하는 것이 턱없이 부족한 것이 사실이다. 소득이 비교적 괜찮은 시절이라 해도 어차피 그 돈은 다 써서 녹아버리게 되어있다. 그 가운데서 10~20만원이 있고 없고는 어차피 가계에 결정적인 영향을 주지 않는다. 애당초 없었던 돈으로 생각하고 그 돈으로 젊었을 때부터 연금저축 같은데 쌓아가면, 세월이 지나고 은퇴를 하게 되었을 때 삶의 질 자체를 다르게 만들어주는 효자가 될 수 있다.

    살다보면 병마나 사고가 예고없이 나의 삶을 덮쳐버린다. 한창때는 막연하게 실감하지 못할 수 있지만, 보험에서 나오는 돈들은 훗날 무척 요긴한 돈이 될 수 있다. 실제로 나는 투병 생활을 오래 하면서 보험의 중요성에 대해 다시 한번 생각하게 되었다. 뇌종양 진단을 받기 1년 전 무렵, 실손보험에 가입하려고 상담하다가 그만 두었던 일이 있었다. 나이가 많다고 보험료를 예상보다 많이 제시하길래, 평소에 병원 한번 가지 않을 만큼 건강을 자신했던지라, "에이, 그러면 나는 보험 안 들어도 끄떡없다"며 가입을 하지 않았다. 나는 언제나 건강한 사람일거라 착각했던 것이다.

그런데 그로부터 얼마 지나지 않아 뇌종양 수술을 했다. 물론 중증질환에 따른 산정특례대상자로 인정되어 건강보험으로부터 지원을 받아 부담이 크게 줄기는 했다. 하지만 비급여 항목은 지원 대상에 해당되지 않았다. 대학병원에 이어 재활병원에서도 오랜 기간 입원해 재활치료까지 받다 보니, 산정특례 지원을 받았음에도 그 부담이 적지 않았다. 재활치료 중에서 비급여 항목들은 대부분 의료비 부담이 무척 컸다. 그때 많이 후회를 했었다. 1년 전 실손보험만 들었더라도 얼마나 요긴하게 도움을 받았을까 수도 없이 생각했다. 재활병원에 가서 보니 대부분의 환자들이 실손보험에 가입되어 있었던지라, 비급여 항목이지만 필요한 재활치료를 부담없이 충분히 받는 모습을 보면 무척 부러웠다. 그래도 암보험은 들어놨던 것이 있어서 알아봤더니, 나같은 양성 종양은 해당이 되지 않는다는 것이었다. 애당초 보험에 가입할 때 자신에게 있을 수 있는 여러 상황들을 좀더 촘촘히 따져왔다면 달랐을 것이다.

자신의 건강만 과신하고 보험이 절실하게 필요할 상황에서 나만은 예외일 것이라 착각한 것이 그런 후회를 낳았던 것이다. 병마나 재난들은 언제나 예고 없이 들이닥친다. 지금 당장은 필요성을 못 느끼지만, 정말 그것이 긴요한 상황이 있을 수 있음을 생각하게 되었다. 그래서 그런 체험을 거친 이후로는 보험에 대한 인식 자체가 달라졌다. 이제는 자식들에게도, 젊었을 때부터 소득 가운데 일정한 만큼은 미래를 대비하여 보험 같은 안전장치를 마련하는데 지출하라고 권유한다.

우리에게는 라이프 사이클이라는 것이 있다. 취업, 결혼, 출산, 양육, 퇴직 혹은 은퇴 같은 인생의 주요 전환점들이 있다. 각 시기마다 삶의 질과 성격이 많이 달라진다. 그 가운데 하나가 자식들을 다 키우고 난 이후의 삶이다. 우리들 가정에서는 자식들 교육비에 대한 부담이 무척 크다. 대학 진학을 위해서, 그리고 대학공부에 이어 취업할 때까지 자식들에게 들어가는 공과 돈이 많이 필요하다. 가정마다 인생에서 생활비가 가장 많이 드는 시기가 이 무렵이 아닐까 싶다. 그러던 것이 일단 자식들이 취업에 성공하거나 자기 길을 가기 시작하면 많은 것이 달라진다.

이제 자식들은 그들대로 자신의 인생을 사는 길로 들어서는 것이고, 부모는 보다 자유로운 생활을 할 수 있게 된다. 이때부터 지출의 내역은 많이 달라진다. 자식들에게 들어갔던 교육비 등의 항목이 사라지고, 이제부터는 자신을 위한 지출 항목들이 늘어나게 된다. 여행 경비, 공연 관람, 좋은 사람들과 좋은 곳을 가기 위한 비용 같이 자기를 위해 써야 할 돈들이 늘어나게 된다. 사실 자유로운 나의 삶을 누리기 위해서는 어느 정도 돈이 필요하다. 경제적 궁핍과 삶의 자유는 좀처럼 양립하기 어려운 것이 현실이다.

다만 거기에 그렇게 많은 돈이 필요한 것은 아니다. 이때부터는 생활비의 규모 자체가 이미 줄어들기 때문이다. 자녀들의 교육비에 대한 지출이 끝나면, 전체 생활비의 규모는 많이 줄어든다. 언젠가 은퇴할 날을 대비하여 연금저축 같은 것을 미리 준비해 놓는 것이 좋다. 왕성하게 경제활동을 하는 시절에는 있어도 없어도 그만인 돈이 모이면 훗날 소득이 없을 때는 제법 요긴한 큰돈이 되기 때문이다. 경제적 대비를 하지 않으면서 노년의 자유를 꿈꾸는 것은 이루어지기 힘든 사랑이 되기 쉽다.

고집스럽게
나이 들지 않기

나이를 먹고 늙어가면서 조심해야 할 것은 자기 생각에만 갇혀 고집 세고 완고한 노인이 되어버리는 일이다. 아마 우리가 젊었을 때 많이들 경험했을 것이다. 노인이 되어버린 어른들과 얘기를 나눌 때면 그분들의 고집 앞에서 좀처럼 소통이 되지 않는 벽 같은 것을 느낀다.

노인들은 흔히 자신의 경험을 앞세우며 의견을 굽히지 않으려 한다. 사람마다 경험은 다른 것이고, 경험의 차이에 따른 생각의 차이를 인정해야 서로 간에 얘기가 되는 것인데, 나의 경험만이 절대적 기준이 되면서 고집스러울 정도의 집착을 드러낸다.

인간이 나이 들어가면서 무르익는다는 것은 자신의 경험과 생각을 절대시한다는 것과는 전혀 다른 의미이다. 늙어가면서 겸손할 수 있는 것이야말로 내면의 완성을 향해 가는 모습이다. 때로는 젊은 사람들에게조차 자기를 낮추며 그들의 의견을 경청하는 태도는 세상을 넓게 껴안을 수 있게 된 노년의 여유와 힘을 보여준다. 단지 나이가 많다는 이유로 자신의 옳음을 무턱대고 강변하는 것은 사실 어린아이 같은 일이다. 나이가 많은 사람은 나이의 숫자가 아니라, 젊은 사람들이 생각하지 못했던 깨우침을 갖고 그들과 대화해야 한다. 그렇지 않고 나이를 무기삼아 다른 사람들의 말을 귀담아들으려 하지 않고 자기 고집만 부리는 것은 노년의 추함이다.

　자기 고집에만 갇혀있는 사람은 자기 변화를 포기한 것이다. 이제까지 살아오면서 경험한 것만으로도 충분하니 나는 더 이상 변화할 것이 없다, 이제 굳이 더 변화해서 무엇 할 것인가, 거기에는 삶에 대한 이런 자포자기식 심리가 깔려있다. 더 이상 생각을 변화시키려 하지 않는 사람은 삶을 멈춘 것과 다를 바 없다. 숨을 쉬고 심장은 아직 뛰고 있지만, 그의 삶에는 더 이상 아무런 자극도 울림도, 그리고 다짐도 없을 것이기 때문이다. 영혼이 살아있는 삶을 계속 살아가기 위해서는 나이 들어서도 배우고 깨우침을 얻으려는 노력을 멈춰서는 안 된다. 언제나 세상 다른 사람들의 애기에 귀 기울이고, 끊임없이 좋은 책과 말들을 접하는 노력이 필요하다. 공부를 하면서 계속 깨우치는 생활을 하는 것이야말로 늙지 않는 영혼을 간직하는 길이다.

 철학자 데카르트는 전적으로 확실한 것이 아니면 어떤 의견에 동의하는 것을 삼가야 한다며, 확실한 인식을 찾기 위한 방법으로 '회의'를 말했다. 그는 『방법서설』에서 "나는 내 정신이 보통 사람의 정신보다 모든 점에서 더 완전하다고 주제넘게 생각해 본 적은 한 번도 없다"고 말했다. 자기가 믿는 것을 확실하다고 여기지 말고 끊임없이 의심하고 회의해야 진리에 다가갈 수 있다는 의미이다. 또한 몽테뉴는 『에세』에서 "나는 무엇을 아는가?"라는 질문을 던지며 끊임없는 자기 의심과 회의를 통해 더 바른 인식을 추구해야 함을 말했다. 16세기 극단의 대결 시대에 던져진 몽테뉴의 이 같은 성찰 정신은 이후 톨레랑스의 준거가 되었다. 나와 다른 생각을 포용하고 화해할 수 있는 정신 말이다.

 그런데 우리 사회에서는 자신의 신념만을 절대시하며 다른 생각과의 공존을 인정하지 못하는 독선의 문화가 확산되어 있다. 특히 정치적인 견해 차이를 둘러싸고 드러내는 배타적인 태도로 인해 공동체 내부의 갈등과 반목이 만연해 있다.

정치학자 파커 파머는 일찍이 "사람들에게 자신의 가장 근본적인 신념과 모순되는 확고한 증거를 제시하면, 그들은 자기의 신념을 오히려 더욱 강력하게 옹호하게 되는 경우가 종종 있다"고 설명했다. 따라서 자신의 확신과 가치에 누가 도전하는 것을 더 이상 두려워하지 않을 때, 비로소 우리는 진실에 가까이 가는 정보를 얻을 수 있다고 그는 말했다. 자신의 믿음조차도 질문과 의심의 대상으로 삼을 수 있는 사람이 성숙하고 균형있는 시민으로서의 삶을 살 수 있는 것이다.

카라바조의 그림 「의심하는 도마」는 예수의 부활을 의심하는 제자 도마의 행동, 그럼에도 믿음을 주려는 예수의 모습을 그리고 있다. 예수 그리스도는 사흘 만에 부활하여 자신이 생전에 예고했던 대로 제자들 앞에 나타난다. 예수는 십자가에 못 박히기 전 로마 병사들의 창에 찔린 상처를 보여준다. 하지만 부활의 현장에 없었던 도마는 자기 손으로 예수의 상처를 만져 보기 전에는 믿을 수 없다고 한다. 이때 예수는 "네 손가락을 이리 내밀어 내 손을 보고, 네 손을 내밀어 내 옆구리에 넣어 보라. 그리하고 믿음 없는 자가 되지 말고 믿는 자가 되라" 했다고 『요한복음』 20장 27절은 전한다.

도마는 그러고 나서야 예수의 부활에 대한 믿음을 갖게 된다. 이 일 때문에 도마는 『요한복음』에서 부족한 믿음의 상징으로 표현되고 있다. 하지만 나는 오히려 예수조차도 의심하며 손가락으로 상처를 만져보고, 그러고 나서야 믿음을 갖는 도마의 모습에서 의심할 줄 아는 이성의 작동을 발견한다. 카라바조의 그림은 이 순간을 현실감 있게 표현하고 있다. 예수의 상처에 손가락을 넣어 보는 도마의 표정은 정말로 궁금함이 넘친다. 옆에 있는 다른 제자들도 도마를 비웃는 것이 아니라, 상처를 들여다보며 그 결과가 궁금하다는 표정을 짓고 있다. 이 그림 어디에도 신비주의의 흔적 같은 것은 없다. 예수는 그저 평범한 사람의 모습으로, 자신을 의심하는 사람 앞에서 상처를 내보이고 있다. 예수에게조차 의심의 얘기를 던지며 자기 눈으로 확인한 뒤에야 부활을 믿는 도마, 그는 비록 성경에서는 믿음이 없는 자로 폄하되었지만, 세속의 세계에서는 합리적 의심 능력을 가진 인간으로 대접해줘도 좋을 것이다.

대개 인간은 젊은 시절에는 뜨거운 정념으로 살아간다. 하지만 나이가 들어가면서 합리적 이성과 균형의 사고를 가진 모습으로 성장하고 진화한다. 그러다가 늙어가기 시작하면서 자기 고집이 강해지는 사람으로 흔히 퇴행하기도 한다. 우리를 늙게 만드는 것은 나이의 숫자보다도, 소통의 문을 닫아버리고 자신의 생각만 고집하는 마음의 태도인지도 모르겠다. 자신을 향한 여러 이야기에 귀를 열고 들으려 하는 사람은 쉽게 늙지 않는다.

죽음을
기억하는 삶

:

뇌종양 진단을 받고 수술하기 이전에 인문학 책을 쓰고 강의도 했던 몇 년의 시간이 있었던 사연을 앞에서 소개했다. 그때 생각했던 것이, '어떻게 살 것인가'라는 문제는 결국 '어떻게 죽을 것인가'라는 물음과 표현은 다르지만 같은 내용이라는 것이었다. 삶과 죽음에 대해서 글을 썼고 강의도 했다. 그러면서 '죽음을 두려워하지 말라'는 철학자들의 얘기를 전하곤 했다. 죽음은 우리에게 아무것도 아니니 그렇게 생각하는데 익숙하라고 했던 에피쿠로스의 말.

"그렇기 때문에 죽음은 여러 가지 재액 가운데서도 가장 두려운 것으로 되어있는데 사실 우리에게 있어서는 아무 것도 아닌 것이다. 왜냐하면 현실로 우리가 살아서 존재하고 있을 때 죽음은 우리가 있는 곳에 없고, 죽음이 실제로 우리에게 닥쳐왔을 때에는 우리가 이미 존재하지 않기 때문이다. 따라서 죽음은 살아있는 사람들에게 있어서나, 또 죽어버린 사람들에게 있어서나 아무것도 아닌 것이다."

그리고 "죽음은 그것을 기다리는 만큼 괴롭지 않다"고 했던 오비디우스의 말도 있었다. "죽음은 한순간의 이동인 만큼, 생각으로 밖에는 느껴지지 않는다. 사실 우리가 죽음에서 주로 두려워하는 것은 습관적으로 죽음에 앞서 오는 고통이다"라고 했던 몽테뉴의 말도 소개했다. 죽음은 막상 아무런 고통이 아닐 것이니 두려워하지 말라는 얘기들이었다.

곱씹어 생각하면 모두가 고개를 끄덕이게 되는 말들이었다. 그래서 나는 마치 삶과 죽음의 문제에 대해 달관이라도 한 듯이, 그런 말들을 사람들 앞에서 했다. 그러던 나에게 곧 죽을지도 모르는 상황이 어느 날 갑자기 찾아온 것이다. 진단을 받고 수술을 하고 투병을 하는 동안 죽음을 떠올려야 했던 순간들이 몇 번 있었다. 뇌의 아주 위험한 위치에 커다란 종양이 있다는 사실만 확인되었을 뿐, 조영제를 넣고 정확한 검사를 하고 결과를 알기까지는 수술이 가능한지 알 수가 없었다. 더 정확한 검사를 해보고 나서 말하자는 의사 선생은 종양이 몸의 자율신경계가 모여 있는 연수(숨골)에 있어서 손을 대기 대단히 위험하다는 것만 말할 뿐, 말을 아꼈다. '아, 수술을 못할 수도 있나 보다'라고 지레 짐작한 나와 아내는 며칠 동안 죽음의 공포에 가위눌렸다. 이런 상황에 대한 마음의 준비를 해본 적이 없었는데, 수술을 못하고 죽을 수도 있다고 생각하니 마치 꿈을 꾸는 것만 같았다. 2차 정밀검사를 하고 '후유증은 따르겠지만 수술이 가능하겠다'는 말을 들을 때까지 우리 부부는 지옥에 다녀온 기분이었다. 얼마나 위험한 수술인데, 수술을 하자는 말이 그렇게도 반가울 수 없었다. 수술을 할 수 있다는 것이 얼마나 다행인가. 그때 나와 아내에게 들었던 생각이었다.

수술이 끝나고 중환자실에 있던 일주일 동안도 마음을 놓을 수는 없었다. 종양은 잘 제거되었다지만 구강마비, 호흡곤란, 폐렴, 부정맥 등 온갖 후유증들이 생겨났고, 아직 마음을 놓을 단계가 아니라는 설명을 들었다. 수술이 끝나고 중환자실에서 심각한 상황을 맞게 되는 경우도 많으니 아직 살았다고 안심하기에 이르다는 얘기였다. 실제로 중환자실 건너편 베드에 있던 환자가 죽어 나가는 광경을 지켜보기도 했다.

그렇게 마주했던 죽음은, 내가 강의를 하면서 '두려워하지 말라'고 했던 그 죽음이 아니었다. 아무런 마음의 준비 없이 갑자기 찾아온 상황 앞에서 죽음은 두려운 것이었다. 사람들 앞에서 죽음을 너무도 쉽게 얘기했음을 자책했다. 에피쿠로스가 뭐라고 말했든 간에, 죽음은 우리에게 여전히 두려운 존재이다. 나는 그 이후로 다시 죽음을 두려워하는 사람이 되었다. 일찍 죽지 않으려고 열심히 운동을 하고 건강식을 먹고 몸의 이곳저곳을 관리하는 사람으로 다시 태어난 것이다. 오히려 죽지 않고 살려는 의지가 훨씬 강해진 사람이 되어버린 것이다. 어떻게 다시 일어선 삶인데, 그 생각을 하면 지난 투병의 시간과 노력이 아까워서도 일찍 죽고 싶지 않다.

이제 다시 내가 사람들 앞에 선다면, 죽음은 아무것도 아니라는 에피쿠로스나 몽테뉴의 말을 전하는 것이 아니라, 죽음에 대한 두려움은 인간의 피할 수 없는 숙명이라고 말할 것이다. 다만, 어차피 모든 인간이 단 한 사람의 예외도 없이 죽는다면, 그 죽음을 어떻게 받아들이고 해석할 것인지는 우리의 좋은 삶을 만드는 바탕이 될 수 있다.

죽음은 삶과 양립할 수 없는 것으로 여겨졌다. 하지만

막상 삶과 죽음은 떼려야 뗄 수 없는 관계이다. 인간은 태어나면서부터 죽어가기 시작하고, 죽어가면서 살아가는 존재이기 때문이다. 언젠가 죽는다는 삶의 유한성을 인식하기에 우리는 자신의 삶을 그에 맞춰 채워나가는 것이고, 결국 죽음을 생각함으로써 삶을 생각하게 된다. 그래서 죽음을 이야기한다는 것은 다름아닌 삶을 이야기하는 것이다.

인간은 죽음을 삶 전체 과정 속에서 이해하는 능력을 갖고 있다. 인간은 태어나서부터 죽을 때까지 자기의 삶 전체를 생각하며 그 속에서 죽음의 의미를 이해할 수 있다. 하이데거는 말했다. 죽음을 이해하고 자기 삶 속에서 생각할 수 있는 것은 인간 밖에 없다고. 하이데거는 "인간은 태어나자마자 죽기에는 충분히 늙어있다"며 인간을 가리켜 '죽을 자 $^{das\ Sterbliche}$'라고 했다. 산다는 것은 죽어간다는 것과 같은 말이다. 인간은 원래 자기의 선택과 의지에 따라 세상에 태어난 존재가 아니다. 자신의 의지와는 상관없이, 자신도 모르게 세상에 던져졌을 뿐이다. 그래서 인간은 태어나면서부터 죽음 속에 던져진 존재이며, 죽음을 향해 가는 불안한 존재이다. 인간은 끝에 이르면 존재가 사라지고, 끝에 이르지 못하면 전체 존재에 이르지 못한다. 그렇기 때문에 내가 누군지 말하기가 어렵다. 죽어서야 내 모습은 완성된다.

죽음까지 가는 길을 내 삶을 완성시켜가는 과정으로 받아들일 때, 죽음의 불안은 삶에 대한 의욕으로 전환될 수 있을 것이다. 늙어간다는 것이 의미 없는 삶의 유지가 아니라, 마지막까지 나를 원숙하게 성장시켜 가는 과정이라 생각할 때, 남아있는 삶은 여전히 의지와 활력이 도는 시간일 수 있다. 늙을수록 깊어지고 넓어질 수 있는 나를 만들어가는 노력이 함께 한다면 말이다. 이렇듯 죽음이 삶의 완성을 향해 간다는 것은 인간이 나이가 들수록 성숙해짐을 의미한다.

이제까지 살아왔던 모습보다 발전된 나의 모습으로 노년을 보낼 수 있다면, 죽음은 내 삶을 완성하는 의미를 가질 수 있을 것이다. 이렇듯 죽음의 의미는 내가 어떻게 해석하고 받아들이느냐에 따라 달라진다. 우리는 죽음에 대한 생각을 통해 삶을 생각하게 된다. 언젠가는 닥칠 죽음을 나의 것으로 받아들임으로써 삶의 소중함을 다시 생각하게 되는 것이다. 빌헬름 슈미트는 죽음에 대한 해석에 따라 삶의 귀중한 의미가 발견될 수 있다고 말한다. 그는 "삶뿐만 아니라 죽음도 해석의 문제"라고 설명한다. 죽음은 삶에 의미를 부여하는 사건으로 해석될 수 있기 때문에 죽음에 대한 해석은 우리에게 위안을 줄 수 있다. 그래서 죽음은 삶을 가치있는 것으로 만들어준다. 한정적으로만 쓸 수 있는 것은 귀중하기 때문이다.

모든 인간은 수명이 제한되어 있다. 언젠가는 죽을 수밖에 없다는 삶의 유한성은 우리가 살고 있는 이 시간의 의미를 각별하게 만든다. 만약 인간의 삶이 유한하지 않고 영원하다면 어떤 일이 벌어지겠는가. 대부분의 인간들은 자기 삶에 대해 긴장하지 않을 것이다. 어차피 무한성이 보장되어 있는 삶에서 절박한 것은 없다. 이렇게 한번 살아보고, 그러다 안되면 다시 저렇게 살아보고, 그런 식의 삶의 태도가 생겨날 것이고 삶의 소중함 같은 것은 성립하기 어려운 얘기가 된다. 그때 삶은 가치없는, 거리에 뒹구는 돌멩이 같은 것이 될지도 모른다. 그래서 로베르트 슈페만은 "영원한 삶 속에서는 어떤 것도 귀중하지 않다"고 말한다. 인간이 영원히 산다는 것은 모든 순간, 모든 기쁨, 모든 인간적 만남이 무의미한 것으로 퇴색한다는 것을 의미한다. 그리된다면 우리는 지금 하고 있는 모든 것을 내일도, 그다음 날도 똑같이 할 수 있을 것이다. 그래서 우리에게는 어떤 일도 중요하지 않게 될 것이다. 매 순간이 소중한 이유는 우리의 인생에서 그 시간이 다시는 되돌아올 수 없다는 사실에 있다.

누구나 언젠가는 죽게 되어있다는 삶의 비극성이, 이제

죽음이 있기에 오늘의 삶이 귀중하다는 새로운 인식으로 변화하게 된다. 삶의 유한성, 즉 죽음에 대한 인식은 삶의 귀중함을 일깨우는 것이요, 지금 살고 있는 삶에 대한 자신의 책임을 높이게 된다. 애플의 창업자 스티브 잡스는 생전에 스탠퍼드대 졸업식 연설에서 자신이 받았던 죽음 선고가 삶의 소중함을 발견하는 계기가 되었음을 말하며, '죽음을 생각'하라고 당부했다.

> "'곧 죽는다'는 생각은 인생의 결단을 내릴 때마다 가장 중요한 도구였습니다. 모든 외부의 기대, 자부심, 수치스러움과 실패의 두려움은 '죽음' 앞에선 모두 떨어져나가고 오직 진실로 중요한 것들만이 남기 때문입니다. 죽음을 생각하는 것은 무엇을 잃을지도 모른다는 두려움에서 벗어나는 최고의 길입니다. 여러분은 죽을 몸입니다. 그러므로 가슴을 따라 살아야 합니다."

메멘토 모리Memento mori. 죽음을 기억하라. 그러면 나의 삶이 달라질 것이다

나를 돌보는
삶을 위해

．．

　우리는 세상을 바라보면서 살아왔다. 누구나 태어나면 세상 속에서 살아가야 한다. 세상의 많은 사람들과 관계를 맺고, 때로는 협력하고 때로는 경쟁하며 살아간다. 세상으로부터 인정받고 싶고, 성공하고 싶고, 그런 욕구들이 앞서다 보니 우리의 시선은 줄곧 세상을 향해 있었다. 그런데 나이를 먹어가면서 문득문득 내 자신이 어디에 있는 것인지 찾게 된다. 세상만 바라보면서 살아오는 사이에 나를 잊고 살았던 것은 아닌가. 나는 어디에 어떤 모습으로 존재하는가. 나이가 제법 들고 나서야 자기 자신을 찾고 싶은 욕구가 강해지는 것은 비단 저자만의 경험은 아닐 것이다.

우리가 살아가면서 내 자신을 바라보지 못했던 데는 여러 이유가 있었다. 우선 나의 내면을 챙길 여유가 없었다. 먹고 사는데 매달려 숨가쁘게 돌아가는 삶 속에서 나를 살피고 내면을 돌본다는 것은 그리 쉬운 일이 아니다. 그리고 내 경우는 '세상'이 아니라 '나'를 돌보는 것에 대한 도덕적 주저함도 있곤 했다. 세상을 우선하면 이타주의이고, 나를 우선하면 이기주의라고 생각하는 통념 때문이었다. 그래서 세상을 등 뒤로 하고 자기에게로 시선을 이동하면, 혹여 개인의 밀실로 도피하는 것 같은 생각에 주저되기도 했다. 하지만 '나'는 그렇게 영영 잊혀질 수 있는 존재가 아니었다. 삶과 죽음의 일생에서 결국 우리가 귀환할 곳은 바로 '나' 자신이기 때문이다. 우리는 누구나 '나'로 태어나서 '나'로 죽어간다.

이렇게 나를 찾으려는 우리들에게 미셸 푸코가 했던 말년의 강의들은 적지 않은 울림을 준다. 푸코는 우리가 '자기 배려'를 통해 새로운 윤리적 주체로 재탄생할 것을 주문한다. 푸코는 소크라테스를 중심으로 등장하는 '너 자신을 알라'는 격언이 자기 배려와 연결된다고 설명한다. 그에 따르면 "자기 배려는 자기 자신에 대한 배려이고, 자기 자신을 돌보는 행위이며, 자기 자신에 몰두하는 행위"다. 요컨대 자신을 망각하지 말고 돌보며 배려해야 한다는 의미다.

자기 자신을 배려한다는 것은 시선을 자기 '외부'로부터 '내부'로 이동시키는 것을 의미한다. 즉, 시선을 외부와 타인, 세계 등으로부터 자기 자신에게 돌리라는 것이다. 나의 시선이 외부로 향해 있으면 많은 것들과 부딪히게 된다. 타인에 대한 호기심, 미움, 경쟁심, 질투와 욕망 같은 것들에 관심이 가게 되고, 그러한 상황에서는 관심이 분산되어 나 자신에게 집중하기 어렵다.

시선을 나의 내부로 이동한다는 것은 시선을 분산시키는 많은 것들로부터 눈을 돌려 나에게로 집중한다는 것을 의미한다. 그래서 자기 배려는 나에 대한 집중이다. 나는 살아오면서 얼마나 나 자신에게 집중할 수 있었던가. 세상 속에서 살아가기 위해, 가족들을 돌보기 위해 정작 내 자신은 뒤로 미루어 두지는 않았던가. 이제라도 시선을 나에게로 돌릴 일이다. 나를 잃어버린 삶은 언젠가는 짙은 후회와 회한을 남길 것이기 때문이다. 그럼에도 우리는 이를 간과한 채 그 시간을 놓치곤 한다. 생존에 급급하여 자기 자신을 돌볼 시간을 제대로 갖지 못하게 된다. 하지만 나를 둘러싼 그러한 환경은 시간이 지난다고 해서 달라진다는 보장이 없다. 놓쳐서 잃어버린 나를 다시 찾을 기회는 영영 없을지 모른다. 지금 나는, '나'를 바라보지 않으면 안 된다.

우리는 흔히 나이가 들어서야 자신을 들여다보며, 잊고

살았던 나를 찾고 싶어 한다. 우리는 어떻게 하다가 자신을 잃어버렸던 것일까. 살기 위해, 아니 살아남기 위해 너무도 정신없이 달려왔다. 이제야 잃어버린 나의 빈 자리가 눈에 들어온다. 한숨을 돌릴 여유를 갖게 되어 그런 것은 아니다. 어차피 언제 끝날지 기약조차 할 수 없는 숨 가쁜 삶, 늦었지만 이제라도 나를 찾지 못하면 언젠가는 영영 후회할 것만 같은 두려움이 엄습해오기 때문이다. 내가 누구인지 묻는다는 것은 여유를 즐기는 정신적 사치도, 고상한 척하려는 도덕적 댄디즘도 아니다. 그것은 내 삶에 대한 절박함이 낳은 호소이다.

그래서 고대로부터 자기 배려의 역사를 찾았던 푸코의 이야기는 오늘 우리의 이야기이기도 하다. 자신의 영혼은 돌보지 않는 것이 수치스럽지 않느냐고 물었던 소크라테스나, 시선을 내면으로 돌려 자기를 돌봐야 한다고 말한 푸코의 이야기는 시대가 바뀌어도 변함이 없는 정언이다. 내면을 들여다보며 자신을 연마하는 일은 인간다운 삶이 가능한 세상을 모색하는 과정에서 기본이 되는 일이다. 좋은 사람이 좋은 세상을 만들 수 있다. 푸코는 자기 점검과 자기 수양을 거친 윤리적 주체가 진실한 주체가 될 수 있다고 말했다. 그런 진실한 주체가 비로소 진실한 세상을 만들 수 있을 것이다.

그런데 푸코가 강조했던 것은 단순한 시선의 이동이 아니라, 그같은 자기 배려의 행위를 통한 자기 변화였다. 단지 나를 인식하는 데서 그치는 것이 아니라, 자신을 인식함으로써 스스로를 변화시켜 나가는 실천적 삶을 푸코는 말한 것이다. 나이를 먹어도 잊지 않고 계속 변화를 모색해 가는 삶, 그것이 살아있는 삶이다. 우리에게 중요한 것은 단지 스스로를 재발견하는 것이 아니라 자신을 새롭게 만들어내는 일이다.

젊었을 때 격정적이었던 사람도, 나이가 들고 나면 자기를 돌보고 마음의 평온함을 찾고자 하는 경우를 자주 보게 된다. 그것을 세상으로부터의 후퇴나 철수라고 보면 일면적인 해석이다. 자기 내면으로 들어갈 것에 대한 강조는 잘 알려진 정치철학자 한나 아렌트에게서도 찾아볼 수 있다. 그녀는 『인간의 조건』에서 우리들이 관조적 삶이 아닌 활동적 삶을 살아야 함을 강조했다. 그녀가 말하는 활동적 삶이란 곧 정치적 삶이다. 그런데 아렌트가 말한 정치적 삶은 단순히 정치에 빠진 삶을 의미하지 않는다. 아렌트에게 올바른 정치적 삶은 내면에서의 정신적 삶을 거쳐 만들어지는 것이다. 올바른 정치적 삶을 위해서는 사유하는 정신적 삶이 먼저 필요하다는 것이 아렌트의 생각이었다. 그래서 아렌트는 인간에게 고독한 사유가 갖는 의미를 강조한다. 『전체주의의 기원』에 나오는 그녀의 말이다.

> "고독한 사람은 혼자이며 그래서 '자기와 함께 있을 수 있는' 사람이다. 인간은 '자신과 이야기할 수 있는' 능력을 가지고 있기 때문이다. 달리 말하면 나는 고독 속에서 나 자신과 함께 '나 혼자' 있으며, 그러므로 한 사람-안에-두 사람인 반면, 외로움 속에서 나는 다른 모든 사람에게 버림받고 실제로 혼자 있는 것이다. 엄격히 말해 모든 사유는 고독 속에서 이루어지며, 나와 나 자신의 대화이다. 그러나 한 사람-안의-두 사람이 전개하는 대화는 같은 인간들과의 접점을 잃지 않는다. 내가 사유의 대화를 함께 이어가는 동료 인간들이 이미 나 자신 속에 들어와 있기 때문이다."

아렌트도 말한 것처럼 고독은 결코 나쁜 것이 아니다. 고독한 사람은 자기 자신과 대화를 나눌 수 있는 능력을 갖고 있으며, 자기 자신과 함께 할 수 있는 사람이 비로소 다른 사람들과 함께 할 수 있는 것이다. 아렌트가 말하는 '한 사람-안의-두 사람'의 사유의 대화는 결국 '나'와 '자아' 사이의 대화다. 아렌트 역시 이같은 생각은 소크라테스에서 기원한다고 본다. 소크라테스는 타인과 함께 사는 일은 자신과 함께 사는 것에서 시작한다고 생각했다. 소크라테스가 주는 교훈은, 자기 자신과 더불어 살 줄 아는 사람만이 다른 사람들과 살아갈 수 있다는 것이다. 자아는 내가 헤어질 수 없고, 내가 떠날 수 없으며, 나와 함께 밀착된 유일한 인격체다.

여기서 소개한 두 철학자 푸코나 아렌트의 공통점은 말년에 가서 내면으로 돌아갈 것을 강조했다는 점이다. 사실 젊은 시절 두 사람은 권력이나 정치의 문제에 관심을 기울였던 학자들이었다. 그런데 말년에 가서 고독한 사유, 자기 배려, 자기와의 대화 같은 인간 내면의 문제로 관심을 이동했다. 그것이 세상과 단절하여 개인의 밀실로 갇혀버림을 의미하는 것이 아님은 앞에서 설명했다. 두 사람이 주문했던 것은 우리가 보다 성숙한 인간으로 거듭나서 다시 세상으로 나갈 필요에 대한 것이었다. 고독한 사유를 통해 자기와의 대화를 거쳐 더 넓고 깊은 인간으로 성숙해서 세상으로 다시 나갈 때, 그 세상도 진정으로 좋은 세상이 될 수 있다는 의미가 거기에는 담겨있다.

두 사람의 이러한 공통점은 우리의 경험과도 별반 다르지 않다. 정신없이 살아가다 자기 삶의 결핍된 것들이 눈에 들어오고 결국 잃어버린 자신을 찾아야겠다는 생각이 들 때가 대개가 인생의 후반기이기 때문이다. 그것이 우리 인간들이 살아가는 패턴인지도 모른다. 젊음이 일생 가운데 불꽃 같은 시기였다면 더 나이가 든 후에는 그 격정 이후의 평화로움을 얻고 싶어하는 게 우리의 마음일지 모른다. 더 일찍 자기의 내면을 돌보며 넓고 깊은 자아를 만들어 간다면, 우리의 삶이 더 튼튼해질 수 있을 것임은 물론이다.

5부

고즈넉한 삶의 시간

"진정한 시인에게 조용함은 필수불가결한 품성이다."

— 쑤리밍, 「조용한 글쓰기」

태풍이 지나가고
찾아온 고즈넉한 삶

:

　아직 내 몸에는 여러 가지 수술 후유증들이 남아있다. '아직'이라고 했지만, 수술한 지도 3년 수개월이 지났으니 이제는 남아있는 후유증들을 친구처럼 껴안고 살 생각이다. 뇌를 열고 가장 깊숙하고 위험한 곳에 수술의 칼을 댄 이상, 몸 곳곳에 상처 자국처럼 남는 후유증들은 애당초 도리가 없는 일이었다. 마비되었던 혀는 대체로 회복되었지만 혀를 올리는 힘이 약해져서 발음이 살짝 어눌하다. 식도가 열리지 않아 연하장애로 8개월 동안 물 한 모금 마시지 못하다가 회복되었다. 하지만 아직 완전하지 않아 음식을 삼킬 때 남들보다 불편하고 힘들다. 한때 앉아만 있어도 의식을 잃고 쓰러지게 만들었던 기립성 저혈압도 거의 회복되어 오래전 약을 끊었다. 하지만 지나치게 무리를 하면 다시 혈압이 떨어져 의식을 잃을 수 있음을 산행 중에 경험하기도 했다. 차를 오랫동안 탔다가 내려서 바로 걸으려면 어지러움을 느껴서 일단 길에서라도 쪼그리고 앉을 때가 있다. 몸통의 근육이 당기는 증상은 아무리 운동을 해도 나아지지 않아 걸어다닐 때면 남들보다 힘이 들게 된다. 그래서 몸의 움직임이 민첩하지 못하다. 왼쪽 손과 팔의 저림 증상도 포기하고 산지 오래다.

   써놓고 보니 한두 가지가 아니다. 그런데 이게 참 묘하다. 모두가 나를 불편하게 만드는 증상들이다. 그런데 그것 때문에 살고 죽는 것은 또 아니다. 무슨 통증 같은 것이 있어서 아프고 고통스러워서 살기 힘든 증상도 아니다. 좀 불편하지만 참으면 된다. 그러니 수술한 대학병원의 재활의학과에서는 더 이상 올 필요가 없다는 이별 통보를 진즉에 했다. 나는 여기 불편하고 저기 불편하고, 그런 하소연을 해도 의사 선생들은 별 관심이 없다. 그 양반들은 '그렇게 위험한 수술을 했던 사람이 이 정도로 회복되었으니 얼마나 다행이냐'는 생각이기에 나의 그런 고충이 귀에 들어오지 않는 것이다. 다른 환자들도 많은데 굳이 대학병원에서 진료를 봐줘야 할 환자 취급을 하지 않는 셈이다.

아마 젊었을 때 이런 증상들을 몸에 달고 살게 되었다면 무척 우울해졌을 것 같다. 그런데 지금은 입으로는 불편해 죽겠다고 엄살과 투정을 늘어놓지만, 사실 내가 잘 사는데 큰 지장은 없다. 연하장애 같은 경우는 늙어서 신체 기능이 약해지면 다시 악화되어 음식을 삼키지 못하게 될 위험은 있다. 그건 그때 가서 닥칠 일이고, 크게 개의치는 않는다. 어떤 차이일까 생각해 보았다. 나이가 든 만큼 많은 것들을 이제는 내려놓을 수 있음으로써 가능한 마음인 듯하다. 한창 왕성하게 일하고 사람들을 만날 젊은 나이에는 자신에게서 무엇 하나라도 상실되면 곧 마음의 상처가 된다. 그래서 자신이 잃게 된 것에 대해 많이 안타까워하고 속상해한다. 그런데 나이가 드니 굳이 그렇게 모든 것들에 집착하지 않게 된다. 이제 남아있는 생의 시간이 유한함을 의식하니 그냥 이렇게 살아가도 그만이라는 생각을 갖게 된다.

그래서 여전히 후유증들이 남아있는 몸의 조건에서도, 나는 행복함을 느끼며 살아간다. 나는 신체의 이런저런 기능들을 잃기는 했지만, 여전히 갖고있는 것들이 많다. 세상의 무엇과도 바꿀 수 없는 사랑하는 아내와 두 딸이 있다. 아내는 고맙게도 나와 인생의 고락을 같이 하는 삶의 동지가 되어주었다. 두 딸들은 어느덧 자기 앞가림들을 하며 자기 길을 가고 있다. 코로나 팬데믹으로 많은 사람들이 어려움을 겪고 있는 시절에 무탈하게 살아가고 있으니 더 이상 바랄 것이 없다.

무엇보다 좋은 것은 내 자신의 본성에 맞는 삶을 이제서야 살고 있다는 생각이 드는 점이다. 투병을 하면서 많이 생각했던 것은 그동안 너무 무거운 삶을 살았다는 것이었다. 청춘 시절에는 암흑 같은 시대 상황 속에서 자신이 원하던 삶을 포기해야 했다. 개인의 본성적 욕구들을 억압하면서, 그런 역사 속에서 지성들에게 주어지는 역사적 소명이 무엇인가를 고뇌하느라 밤을 지새우곤 했다. 그 뒤로도 살아오면서 많은 사람들이 불행한데 나만 행복하면 안 될 것 같은 생각이 마음 한 켠을 누르곤 했다. 우리 정치가 진영논리에 갇혀버린 이후로는 나를 지키기 위해 무리짓지 않는 자발적 고독을 선택하기도 했다. 결코 가벼울 수 없었던 삶의 궤적이었던 것이 사실이다. 하지만 병마가 안겨준 생사의 고비를 넘으면서 그동안 짊어져왔던 무거운 삶이 결국은 나의 것이 될 수 없음을 생각하게 되었다. 다시 한 번 살게 되는 두 번째 삶은 그저 소소하고 가벼운 삶이면 충분하다고 마음먹었다.

앙드레 지드는 『새로운 양식』에서 우리가 행복해도 되

는 이유를 이렇게 말하고 있다.

> "이 땅 위에는 너무나 많은 가난과 비탄과 어려움과 끔찍한 일들이 가득해서 행복한 사람은 자기의 행복을 부끄러워하지 않고는 행복을 생각할 수 없다. 그러나 스스로 행복해질 수 없는 자는 남의 행복을 위하여 그 어떤 일도 할 수 없다."

이제는 내가 원하는 삶의 즐거움들을 누르는 일 없이 찾곤 한다. 좋은 길을 걷고 싶으면 걸으러 나서고, 여행이 가고 싶어지면 떠나고, 좋은 공연을 보고 싶으면 찾아가고, 음악에 빠지고 싶으면 음악을 듣는다. 사실 하나하나의 것들은 대단한 것도 아니요 지극히 소소한 것들이다. 하지만 막상 살아오면서 이런저런 이유로 원하던 것들을 하지 못해왔다. 이제는 자기 본성이 원하고 요구하는 것들을 숨김없이 솔직하게 자신에게 말하곤 한다. 그러니 삶의 질이 수술 전 건강했을 때보다 오히려 나아진 것 같다는 역설이 가능해진다. 그 힘들었던 투병의 시간을 겪었고 이렇게 몸에 여러 후유증들이 남아 전과 같은 신체는 아니게 되었는데도, 지금 사는 게 예전보다 낫고 좋다고 느끼게 되니 참으로 희한한 일이다.

아직도 몸이 완전하지 못해 이따금 불편함을 토로하는 나에게 가끔씩 아내가 물어본다.

"지금 이렇게 사는 게 괜찮아? 어때?"

그럴 때면 주저없이 대답한다.

"지금 사는 게 참 좋다. 이 정도면 됐어."

그 힘든 시간을 겪고서도 이런 소리가 나오니, 산다는 건 참 묘하다.

좋은 길을 걷는 인생의 기쁨

수술을 받고 난 이후 내 발로 걷는다는 것의 고마움을 비로소 알게 된 시간이 있었다. 수술이 끝나고 며칠 뒤부터 생각하지도 못했던 후유증이 나타나기 시작했다. 재활실에서 양 옆의 봉을 잡고 조심스럽게 한 발씩 내딛다가 정신을 잃고 쓰러진 것이다. 그 순간 이후로 병실 베드에서 일어서면 실신하는 일이 반복되었다. 원인이 무엇인지를 밝히기 위해 뇌 MRI 등 여러 가지 정밀검사를 했다. 다행히도 간질은 아니라는 진단이 나왔고, 수술 당시의 과다 출혈로 혈압조절 기능에 이상이 생겨 기립성 저혈압 증상이 나타나는 것 같다는 설명을 들었다.

이 증상이 반복되자 나는 병실에서 누워서만 지내야 했다. 옷을 갈아입거나 세면을 하기 위해 베드에 앉아 움직이다가도 실신하는 일들이 이어졌다. 그래서 병원 내에서의 이동도 휠체어도 아닌 이동식 베드로만 가능했다. 휠체어에 앉아 재활치료실로 이동하다가 도중에 정신을 잃는 경우들이 생겨났기 때문이다. 하루종일 누워만 있어야 했으니 정말 답답한 시간이었다. 앉아만 있어도 실신하는 인간. 그런 내 모습을 한 번도 상상해본 일이 없었다. 이러다가 평생 누워서 살아야 하는 것은 아닐까. 의사 선생들도 고심하면서 여러 가지 약을 쓰는데도 효과가 나타나지 않았다. 운동치료실에 가서도 위험해서 걷기를 할 수가 없었다. 걷기 연습을 해보고 싶다고 간청을 해도, 치료사는 아직은 위험해서 안 된다는 말만 했다.

의료진들은 적절한 약과 치료방법을 찾는데 부심했고, 나는 적응 노력을 계속했다. 하루아침에 빠져버린 다리 근육을 조금이라도 되살리기 위해 베드에 누운 채로 자전거 타기 다리 운동을 하곤 했다. 그러다가 새로 처방해준 약이 효과를 보는 것 같다는 설명을 들었다. 드디어 어느 날, 폐렴같은 합병증들이 낫고 몸의 상태가 조금 회복되자, 운동치료사가 나를 일으켜 세우더니 한발 한발 혼자 걷는 연습을 하게 했다. 언제 쓰러질지 모르니 치료사는 뒤에서 복대를 잡아줬고, 나는 "하나 둘! 하나 둘!"을 외치며 걷기 연습을 했다.

그때의 감격이란. 내가 걸을 수 있게 된 장면을 지켜본 아내도 박수를 치며 반겼다. 그때 나는 자기 발로 걷는 일에조차 감격하는 삶을 살았다. 마치 새로 태어난 아이가 걷기 시작하면 신기해 하듯이, 가족들도 다시 걷기 시작하는 나에게 응원을 보냈다. 그 무렵 나는 자기 발로 걸을 수 있다는 것이 얼마나 감사해야 할 일인가를 깨닫게 되었다. 평소 다리가 불편한 장애인들이 휠체어를 타고 지나갈 때, 장애인들도 대중교통을 탈 수 있게 해달라는 요구를 할 때 건성으로 지나쳤던 나였다. 그런데 자기 발로 걸을 수 없는 삶이 얼마나 절박한 것이가를 알게 된 것이다.

물론 그 뒤로도 휠체어에 의존하며 병원에서 지냈다. 연하장애가 회복되어 퇴원을 할 무렵에는 휠체어를 반납하고, 아직 조심스럽지만, 자기 발로 걸어다닐 수 있게 되었다. 그 시간 이후로 나는 걷기를 정말 좋아하게 되었다. 그해 가을, 아내는 가을이 가기 전에 내게 단풍을 보여주고 싶다며 당초보다 일정을 앞당겨 퇴원을 하게 했다. 그리고 퇴원하고 가장 먼저 간 곳이 오대산 전나무 숲길이었다. 그 숲길을 걷는 것이 너무 좋아서 끝에서 끝을 몇 번이나 왔다갔다 반복하며 걸었다. 그리고는 요양도 하고 재활 걷기

운동을 하기 위해 제주 한 달 살기를 갔다. 제주 곳곳의 올레길과 숲길들을 걷고 또 걸었다. 아침에 숙소에서 나와 걸었고, 점심을 먹고 또 걸었다. 그렇게 매일 같이 걷고 또 걸었더니 걷는 능력이 빠르게 좋아짐을 알 수 있었다. 오름을 오를 때면 아직 숨이 쉽게 차서 힘들었지만, 평지에서 걷는 것만큼은 건강한 사람 같았다.

제주 한 달 살기를 마치고 동네로 돌아온 뒤에도 집 근처에 있는 탄천길을 많이 걸었다. 동네에서 몇 정류장 정도의 거리는 대중교통을 타지 않고 그냥 걸어 다니곤 했다. 재활치료를 위해 병원에 오갈 때도 탄천길을 걸어서 다니곤 했다.

리베카 솔닛의 『걷기의 인문학』에 이런 말이 나온다. "사람들이 안 걷게 된 것은 걸을 만한 장소가 없어져서이기도 하지만 걸을 시간이 없어져서이기도 하다." 좀처럼 걷지 않게 되는 우리네 현실과 맞닿아 있는 얘기일 듯하다. 내가 그랬었다. 방송이다 뭐다 분주하게 살아오면서 통 걷지를 않았다. 방송하러 다니면서 가까운 거리도 택시를 탔고, 한 정류장 이동하는데도 버스를 탔다. 그러니 계절을 천천히 곱씹으면서 걸을 마음의 여유를 갖지 못하고 살아왔다. 그랬던 내가 이렇게 달라질 줄은 미처 몰랐다.

걷는 것은 몸에도 좋지만 정신에도 더없이 좋다. 우울한 기분이 들었을 때 밖에 나가 좋은 길을 걸어보시라. 걷다 보면 이내 기분이 달라짐을 느낄 수 있을 것이다. 우울했던 마음에 다시 활기가 돌고, 비관으로 가득찼던 마음에 긍정의 빛이 비침을 느낄 수 있을 것이다. 사람의 마음은 워낙 변덕스러운지라, 좋은 길을 걷다 보면 이내 기분이 좋아짐을 느끼게 된다. 그러니 걷기는 다리 운동을 넘어 마음을 다스리는 치료법이 되기도 한다. 그래서 걷는다는 것은 자기를 돌보는 시간을 갖는다는 것을 의미한다.

혼자 사유하기를 즐기는 철학자들이나 작가들 가운데는 걷기 예찬론자들이 많다.

"우리는 책 사이에서만, 책을 읽어야만 비로소 사상으로 나아가는 그런 존재가 아니다. 야외에서, 특히 길 자체가 사색을 열어주는 고독한 산이나 바닷가에서 생각하고, 걷고, 뛰어오르고, 산을 오르고, 춤추는 것이 우리의 습관이다."

프리드리히 니체, 『즐거운 학문』

"나만의 도보 여행에서만큼 많이 생각하고 많이 존재하고 많이 체험한 적은 결코 없었다. 감히 말하건대, 이 여행에서만큼 나 자신이었던 적은 결코 없었다."

장 자크 루소, 『고백』

그들은 대체로 혼자 걷는 것의 즐거움을 말했다. 프랑스 철학자 프레데리크 그로는 『걷기, 두 발로 사유하는 철학』이라는 책에서 "걷기의 가치를 제대로 음미하려면 혼자 걸어야 한다"고 말하기도 했다.

실제로 혼자 걸으면 나만의 시간을 가질 수 있다. 귀에 이어폰을 꽂고 좋은 음악을 즐기며 걸을 수도 있고, 평소 못했던 이 생각 저 생각을 하면서 걸을 수도 있다. 그냥 무념무상으로 아무 생각없이 오로지 걷는 데만 집중할 수도 있다. 그 어느 것이든 다 나만의 시간이다.

하지만 고독의 사유를 즐기는 철학자들과는 달리, 우리에게는 함께 걷는 것도 무척 좋다. 칸트처럼 정해진 시간에 언제나 같은 길을 혼자 걷는 것은 우리 같은 보통 사람들에게는 좀 무미건조한 걷기이다. 굳이 혼자이기를 고집하지 않는다면 좋은 사람과 함께, 가보지 않은 새로운 길을 걷는 것은 무척 좋은 일이다. 부부, 부모와 자식, 연인, 친구와 함께 걷는 길 위에서 사랑과 우정은 더욱 두터워진다.

아내와 나는 어느덧 '걷기'라는 같은 취미를 갖게 되었다. 하루의 일을 마치고 이른 저녁을 먹고 저녁 산책을 함께 나가곤 한다. 얼마 전 이사를 온 뒤로는 서울에 있는 좋은 길들을 본격적으로 걷는다. 서울 하면 복잡한 대도시를 떠올리는 사람도 많지만, 굳이 멀리 가지 않아도 서울 안에서 걷기에 좋은 길들이 무척 많다. 사람 많은 등산길보다도 호젓한 산책길들이 주는 운치가 더 좋기도 하다. 폰으로 지도 앱의 길을 찾아가면서 처음 가보는 길이 주는 묘미도 제법 괜찮다. 목적지를 정해놓고 길을 걷다가 기분에 따라 내친 김에 "더 가자!"고 하는 기분도 좋다. 무엇보다 오랜 시간 걷고 난 뒤에 근처 맛집에 들어가 배고파진 속을 채우는 일은 인생의 즐거움이다.

남은 인생 시간동안 육체가 허락할 때까지 좋은 길을 부부가 함께 많이 걸으려고 한다. 지금 이 시간은 내 인생에서 다시 오지 않는다. 골방의 정신세계에 갇혀 미움과 질투와 증오의 싸움을 하고 있을 시간에 좋은 길을 찾아가서 마음껏 걸어 보시라. 세상이 달라 보이고, 내 삶이 다르게 생각될 것이다. 그래서 걷는 것은 철학하는 것과 다르지 않다. 내가 말년에 깨우친 진리이다.

카페에서
일하는 남자

⁙

　아침이면 노트북 가방을 메고 카페로 출근한다. 수술하고 몸이 회복된 이후로 갖게 된 루틴이다. 예전에 살던 동네에서도 그랬고, 지금 사는 동네에서도 그렇다. 카페 사장님이 되었거나, 이 나이에 무슨 알바라도 해서는 아니다. 카페에 가서 노트북을 열고 글 쓰는 일을 하기 위해서다. 전에는 글을 쓰거나 책을 읽기 위해서는 도서관을 많이 가곤 했다. 아프기 전에 몇 년 동안은 동네 독서실 등록을 하고는 그곳에서 하루종일 책을 읽고 글을 썼다.

　그러던 사람이 아예 카페로 매일같이 출근하다시피 하게 된 것은 투병 생활을 하고 난 이후부터였다. 생의 큰 고비를 넘기고 나니 이제 자신의 삶을 대하는 생각과 태도가 달라졌다. 이전처럼 도서관에 박혀서 무엇을 하는 게 갑갑하게 느껴졌다. 이 악물고 자신이 '의지의 한국인'임을 확인하려는 삶의 모습과 멀어지고 싶었다. 이제는 나이도 들어가니, 좀 편하고 자유로운 환경에서 일하고 싶어서 주로 카페에서 일을 많이 한다. 원하면 이어폰 끼고 음악도 들을 수 있고 간식도 먹을 수 있고, 식사 때가 되면 근처 가고 싶은 맛집에 갈 수도 있는 자유로움이 그곳에는 있다. 편하기로 따지면야 집만 한 곳이 있겠냐만, 집이라는 공간은 사람의 긴장을 해제시켜 버린다. 그래서 집은 쉬는 공간이지 일하는 공간이 아니라는 게 내가 가진 생각이다.

무슨 출퇴근 시간이 정해져 있는 것도 아니고, 원고 마감 시간만 차질이 없도록 그저 마음 내키는대로 하면 되는 생활이다. 요즘은 원고 일들이 쉬지 않고 이어지는지라, 아침에 카페 가서 일하다가 점심시간이 되면 집에 들어가 점심 먹고는, 다시 카페로 돌아와서 일을 하는 날들이 대부분이다. 그러다 보면 아침부터 남들 퇴근하는 초저녁 무렵까지 카페에 진을 치고 있는 경우가 많다.

그런 카페가 내게는 연구실이기도 하고 사무실이기도 하다. 그냥 편한 의자에 앉아 쉬려고 들어가는 것이 아니라 작업을 하러 들어가는 것이기에 작업 환경은 꼼꼼하게 따지는 편이다. 테이블의 높이며 구조가 노트북 작업하기에 편할 것, 전기 콘센트 이용이 편할 것, 다른 사람들과 너무 가까이 섞이지 않고 조용한 분위기에서 집중할 수 있을 것, 이런 여러 조건들이 최적으로 갖추어져 있는 카페가 결국 내가 자주 다니는 단골 카페가 되곤 한다. 어쩌면 다른 사람들은 부러워할지도 모르겠다. 하루종일 사무실에 갇혀서 일을 해야 하는 입장에서는, 나같은 사람은 카페에서 즐기는 건지 일을 하는 건지 모르겠다는 생각이 들테니 말이다.

물론 카페를 매일같이 이용하고 하루에도 주문을 두 번 정도 하다 보면, 그 비용도 적은 것은 아니다. 하지만 자신의 쾌적한 작업환경을 위해서 그만한 비용은 써야 한다는 생각을 갖고 있다. 앉아서 노는 것도 아니고 경제활동을 하고 있는 셈이니 일종의 필요비용이라고 생각하면 된다.

본래 카페 다니는 것을 좋아하기는 했다. 과거 방송 일을 많이 할 때, 여기저기 방송 스케줄에 맞춰 여러 방송국들을 오가다 보면 사이 사이에 시간이 뜨는 경우가 무척 많았다. 그럴 때면 방송국 근처에 있는 카페에 미리 도착해서 노트북을 열고 원고를 쓰거나 이것저것 일들을 보곤 했다. 카페에서 일하는 습관이 든 것은 그 시절부터이기는 했다.

일하기 위해서만 카페를 좋아하는 것은 아니다. 한 해에도 몇 번씩 다녀오는 제주에 가면 즐기는 것 가운데 하나가 '1일 1카페'이다. 제주에는 파란 바다도 예쁘지만, 아름다운 바다뷰를 즐길 수 있는 훌륭한 카페들이 올레길 주변으로 많다. 올레길을 걷다가 힘들다 싶으면 그런 카페에 들어가 커피 한잔과 디저트를 즐기면서 통창 밖으로 보이는 풍경을 멍 때리고 보는 일도 제주 여행의 진수다. 대신 사람들이 많이 붐비는 카페보다는 호젓한 카페를 좋아한다. 요즘에는 코로나를 조심하느라고 사람 적은 카페를 선호하는 점도 있지만, 카페의 참 맛은 자기에게로 집중할 수 있는 소란하지 않은 환경, 피곤한 몸과 마음을 힐링해주는 좋은 음악, 그리고 창밖으로 보이는 멋진 풍경까지 함께 한다면 금상첨화라고 생각한다.

그런 나와는 달리 아내는 카페를 그렇게까지 좋아하지는 않았다. 나와는 달리 굳이 빈번하게 카페에 들어가서 시간을 보낼 일도 없는 편이었고, 일부러 카페를 찾아 들어가는 취향도 아니었다. 그러던 사람이 이제는 나와 함께 카페 다니는 것을 제법 좋아한다. 제주 여행을 가서 어느 곳을 가면 이제는 부근에 어떤 좋은 카페가 있는지 관심을 갖곤 한다. 물론 나와 함께 다니다 보니 취향이 비슷해지는 점도 있겠지만, 남편이 좋아하는 것을 아니까 가급적 맞춰주려는 부부 사이의 배려 같은 것이 거기에 실려 있음을 생각한다.

    아내와 함께 카페에서 시간을 보내던 몇 년 전의 광경이 기억난다. 뇌종양 수술을 며칠 앞두고 아내와 나는 이곳저곳 동네 구경을 조심조심 다녔다. 모란시장 장터 구경을 하고는 차를 몰고 가다가 의왕 백운호수 주변에 있는 한적한 카페를 찾아 들어갔다. 나는 수술하기 전에 넘기고 들어가야 할 원고가 있어서 노트북을 열고 글을 썼고, 아내는 다이어리와 휴대폰을 갖고 이것저것 자기 일들을 들여다보고 있었다. 수술하고 나면 어떻게 되는 건지, 한치 앞을 내다보기 어려웠던 그때, 우리의 일상은 그렇게 평소와 다름없이 지켜지고 있었다. 큰 수술을 앞두고 삶의 고즈넉함을 느끼고 있었다면 모순된 것일까. 그 고즈넉함은 다행히 지금도 지켜지고 있다. 쓰나미처럼 우리의 삶을 덮쳐왔던 병마를 견뎌낸 부부는, 가끔씩 카페에 같이 앉아 그때 그 모습대로 자기 일들을 하곤 한다. 이 고즈넉함이 오래오래 이어지기를 바랄 뿐이다.

혼자의 시간은
자기와 함께 있는 것

　이 책에서 가족 얘기를 많이 하니까, 가족 없으면 제대로 살지도 못할 사람 같지만 사실은 혼자서도 잘 논다. 혼자 다니고, 혼자 먹고, 혼자 구경하는데 조금의 어색함도 느끼지 않고 익숙하다. 오랜 세월 프리랜서로 일해서 그렇게 되었는지도 모르겠다. 프리랜서는 혼자서 일한다. 조직도 없고 윗사람도, 아랫사람도 없다. 그저 일을 주고받는 사람만이 있을 뿐이다. 혼자서 일하는 그런 방식이 외로운 사람은 프리랜서를 하면 안 된다. 혼자 일하는 데서 외로움이 아닌 자유를 느끼는 사람이 프리랜서에 맞는 체질이다.

　일을 그렇게 해와서 그런지, 다른 것들도 혼자 잘하는

편이다. 혼자 음식점에서 식사를 하고, 혼자 영화관도, 연주회장도 간다. 그런데 다들 그렇지는 않은가 보다. 큰딸 아이에게서 들은 얘기인데, "우리 아빠는 혼자서도 공연 보러 잘 다닌다"고 친구에게 얘기하면 좀 놀란다는 것이다. 장년의 남자가 혼자서, 때로는 젊은 세대 취향인 공연에 가서 앉아 있는 모습이 잘 상상이 되지 않나 보다 싶었다.

특히 많은 사람들이 어려워하는 것이, 밖에서 혼자 음식점에 들어가 식사하는 혼밥의 상황이다. 다들 짝을 이루어 함께 앉아있는 음식점에서 혼자 식사를 하려니 다른 사람들 시선도 의식이 되고 어쩐지 외톨이 기분이 들어 영 불편하다는 것이다. 언제나 누군가와 함께 밥을 먹곤 했던 사람들에게는 그런 상황이 낯설게 느껴지는 것 같다.

혼밥하면서 위축되기 쉬운 사람들을 향해 어느 음식평론가가 혼밥 문화를 비판하는 얘기를 했다가 논란이 된 적도 있었다. 방송을 통해 많이 알려진 그는 혼밥 문화에 대해 "혼자서 밥을 먹는 것은 인간 전통에서 벗어나는 일이다. 혼밥은 소통을 하지 않겠다는 사인이라고 볼 수 있다"라며 "밥을 혼자 먹는 것은 소통의 방법을 거부하는 거다. 싫다고 해서 나는 나 혼자서 어떤 일을 하겠다. 점점 안으로 숨어드는 건 자폐다"라는 발언을 방송에서 하여 많은 반발을 산 적이 있었다.

나도 그 얘기를 접하고는 참 어이없었던 기억이 난다. 혼자 밥 먹는다고 자폐라니. 각자의 사정에 따라 혹은 취향에 따라 혼밥을 하는 사람들이 있는 것인데, 그들을 마치 이상한 사람들처럼 낙인찍는 것은 대단히 잘못된 시선이라는 생각을 했다. 마치 나의 프라이버시 영역에 낯선 사람이 침입해서는 느닷없이 심판하려 한다는 기분이 들었다. 나야말로 혼밥을 즐기는 대표적인 혼밥족이기 때문이었다. 내가 자폐증인가.

내 경우는 20년 세월 넘게 프리랜서를 하면서 이 방송 저 방송을 옮겨 다니는 생활을 했던지라, 혼밥이 무척 자연스럽고 익숙하다. 그날그날의 방송 스케줄에 따라 중간에 방송사 주변 어디에선가 밥을 먹어야 했다. 내가 출연한 시사프로그램들은 주로 이른 아침 시간에 많이 편성되어 있는지라, 방송이 끝나고 나서야 아침을 먹는 경우도 자주 있었다. 그러다 보면 하루 세끼를 모두 음식점에서 먹게 되는 날이 많았다. 이동 시간에 쫓겨 도리없이 방송사 구내식당에서 점심을 먹어야 하는 경우도 많았다. 그런데 구내식당이라는 것이 그렇다. 처음에는 괜찮은 것 같은데, 오래 먹다 보면 이상하게도 질리는 것이 구내식당이다. 더구나 사람들이 한꺼번에 몰려서 테이블이 만석이 되는 점심시간에 혼자 구내식당에서 밥을 먹는 것은 사실 조금은 용기가 필요한 일이기는 하다. 자리도 모자란데 4인용 테이블을 혼자 차지하게 되거나, 아니면 모르는 사람들과 합석해서 마주 보고 앉아 먹어야 하기 때문이다. 사람들이 많은 낮 12시부터 1시까지의 시간대는 사실 일반 음식점들 경우도 혼자 들어가기가 어렵다. 혼자서 테이블 하나를 차지하고 있기에는 눈치도 보이고, 아예 혼자서는 안 된다고 나가게 만드는 곳들도 많다. 그래서 외부 음식점에서 혼자 점심을 할 때는 피크 시간을 피해서 사람이 적은 시간대에 들어가곤 했다.

혼밥은 선택의 문제가 아니었으니 도리가 없기도 했지만, 나는 혼밥의 시간을 무척 즐기는 편이다. 누구 눈치 볼 일 없이 내가 먹고 싶은 메뉴를 자유롭게 선택할 수 있고, 먹으면서 이 생각 저 생각하는 여유를 가질 수 있다. 굳이 먹으면서까지 이 얘기 저 얘기 나누어야 할 것 같은 의무감에서 자유로울 수 있다. 그래서 내게 혼밥의 시간은 휴식의 시간이기도 했고, 나를 위로하는 시간이기도 했다. 특히 하루의 숨 가빴던 일들을 다 끝내고 혼자 맛집에 들어가 다찌에 앉아 천천히 저녁을 먹으며 수고한 자신에게 여유를 가져다주는 시간을 무척 좋아했다.

혼자서 영화관에 가거나 공연을 보러 가는 경우도 자주 있다. 물론 아내도 가고 싶어하는 경우나 가족들이 함께 볼 만한 공연들은 같이 간다. 〈오페라의 유령〉이나 〈노트르담

드 파리〉 같은 오리지널팀의 내한 공연은 거금을 들여서라도 온 가족이 함께 볼만한 가치가 충분히 있다. 하지만 공연 관람에 대한 열의는 사람마다 당연히 차이가 있다. 나는 가보고 싶은 공연이지만, 아내는 굳이 비싼 돈을 들이면서까지 갈 필요성은 느끼지 않는 경우가 많다. 더구나 내 경우는 경증 등록장애인으로 되어있는지라 대부분의 공연에서 장애인 50% 할인을 받아 반값에 관람할 수가 있다. 그러니 비싼 공연 가격에 대한 부담도 나와 아내의 경우는 많이 다르다. 그래서 나 혼자서도 클래식, 뮤지컬, 오페라 공연 등을 자주 다니곤 한다.

남들은 부부나 친구들이 같이 어울려서 올텐데 어색하지 않냐고? 막상 그렇지 않다. 요즘은 예술의전당이나 롯데콘서트홀 같은 공연장에 가보면 2030 나이의 젊은 청년이 혼자 앉아 심취하는 모습을 흔하게 볼 수 있다. 오직 공연 그 자체가 좋아서 비싼 비용을 지불하고 온 마니아임을 한눈에 알 수가 있다. 자기가 좋아하는 것을 보기 위해서, 알지도 못하는 사람들의 시선 같은 것은 아예 생각하지도 않는 당당한 관객들인 것이다. 나는 그 모습들이 이상하게 느껴지기는 커녕 참 보기가 좋다. 자기가 좋아하는 것을 누리기 위해 혼자서라도 저렇게 열성적으로 다닐 수 있는 사람이야말로, 자기를 사랑할 줄 아는 사람이라는 생각이 들어서이다.

무엇보다 중요한 것은 내 자신이다. 다른 사람들에게 불편을 주거나 민폐를 끼치면서 내 자신을 위한다면 에고이스트라는 말을 듣게 되겠지만, 그것이 아니라면 자신의 즐거움을 위해 다른 사람들의 눈치를 보지 않는 모습은 자존감과 자기애에 충만한 모습이다.

혼자서 밥을 먹고 있거나 혼자서 공연장에 온 사람을 외롭게 보는 시선이 있다면 그것은 낡은 편견에 불과하다. 오히려 높은 자존감을 갖고 자기가 원하는 것을 망설이지 않고 하는 그런 사람들에게는 당당함의 멋이 있다. 인간은 외부의 시선에 자신을 얽어매게 되었을 때 자유롭지 못하고 구속받는 삶을 살게 된다. 나는 앞으로도 혼자서 많이 다니려 한다. 때로는 혼자만이 곱씹을 수 있는 인생의 안줏거리 같은 느낌들이 거기에는 숨어있다.

물론 우리는 다른 사람들과 어울리고 얘기를 나누면서 함께 살아가는 즐거움을 느끼기도 한다. 그러나 함께 어울림으로써 채워지지 않는 무엇이 누구에게나 있다. 사회학자 데이비드 리스먼이 말했던 '고독한 군중'은 겉으로 드러난 사회성의 그늘 뒤로 불안과 고독감을 지니고 있는 사람들이다. 아무리 많은 사람들에게 둘러싸여 살아가는 사람도 내면의 고독을 어찌할 수 없는 경우가 많다. 그러니 자주 혼자 있는 것은 오히려 고독을 풀어주는 시간이 될 수 있다.

한나 아렌트는 『인간의 조건』 마지막 문장과 『정신의 삶』 첫 문장에서 로마 철학자 카토의 말을 인용하고 있다.

> "인간은 자신이 아무것도 하고 있지 않을 때 그 어느 때보다 활동적이며, 혼자 있을 때 가장 덜 외롭다."

혼자 있다는 것은 자기와 함께 있는 것이기도 하다. 아렌트에 따르면 인간은 "자신과 이야기할 수 있는" 능력을 가지고 있기 때문이다. 인간은 혼자 자기만의 시간을 보내면서 자신을 돌아보는 사유를 하고 활동적 삶을 위한 에너지를 채우는 것이다. 그러니 혼자 있는 것을 피하거나 두려워할 이유는 없다. 혼자만의 시간을 즐겨라.

동네 아저씨로
살아가기

투병 이후 달라진 것은 동네에서 살아가는 아저씨로 거듭난 일이다. 한동안 동네 독서실에 박혀서 책을 읽고 쓰던 시간도 있었지만, 인생 대부분의 시간은 세상의 한복판에서 무척 분주하게 살았던 편이다. 정념이 넘쳤던 젊은 시절에는 나라를 구하겠다는 일념으로 여기저기 뭔가 도모하러 다니기도 했고, 정치권에서 일했던 시절에도 정신없이 일하다 보니 시간이 쏜살같이 지나가 버렸다. 특히 나이 마흔 들어서면서 시작한 방송생활로 이 방송사 저 방송사를 옮겨 다니며 일을 했다. 흔히 대학 시간 강사를 가리켜 '보따리 장사'라고 자기 비하를 하던 시절이 있었지만, 프리랜

서로 방송생활을 하는 것이야말로 진짜 '보따리 장사'였다. 노트북 가방을 메고 방송사들을 오가다 보면 일주일이 하루처럼 빠르게 지나가곤 했다.

그렇게 정신없이 살다 보니, 아파트 뒷길에 낙엽이 져서 쌓여있는 것을 보고 나서야 가을이 가고 있음을 알게 된 적이 한두 번이 아니었다. 남들은 계절이 가고 있음을 아쉬워하고 있는 시간에, 그제서야 가을이 왔었다는 사실을 알게 되니 얼마나 바보 같은 인생이었던가. 대체 무엇에 정신이 팔려서 그러고 살았던 것일까. 나라라도 구하느라 그런 것이었을까. 내가 그렇게 삶으로써 나라는 과연 구해졌던가. 그것이 아니었다면 대신 개인의 진짜 행복이라도 느꼈던 것일까. 다 지나고 이제 와서 생각하니 모두 아니었다.

계절이 가기 전에 그 계절을 마음껏 느끼며 살아야겠다고 마음먹은 것은 병원에서 나온 이후부터였다. 그래서 4월이 되면 푸른 청보리밭을 보기 위해 제주 가파도에 가서 걸었고, 10월이 되면 단풍이 아름다운 오대산 선재길을 찾아가 걸었다. 입에서 절로 탄성이 나올 정도로 아름다웠다. 이 풍광을 보기 위해서 내가 살아남았구나 싶었다. 이렇게도 살 수 있는 것을, 이렇게 살아도 막상 큰일 나는 것도 없거늘, 대체 그동안 무엇을 위해 무엇을 하며 살았던 것일까. 삶이 안겨줄 수 있는 이런 충만한 느낌을 갖지 못한 채 덧없이 흘려보낸 것만 같은 지난 시절이 아쉬웠다.

그런 내게 지금 같은 동네 아저씨 생활은 이제까지 살면서 느껴보지 못한 마음의 평온을 안겨주고 있다. 어쩌다가 볼 일이 있을 때만 지하철을 타고 먼 곳으로 나갈 뿐, 대부분의 생활은 집 근처 동네에서 다 이루어진다. 수술 이후로 방송을 하러 다니지도 않고, 다른 사회적 활동을 하지도 않는지라, 특별히 동네를 벗어날 용무가 없는 편이다. 게다가 코로나19로 그동안 사적인 약속들도 갖지 않는 분위기여서 더욱 그렇게 되었다. 이제 코로나가 완화되었다고는 하지만 그냥 겉치레식의 만남 약속 같은 것은 가급적 피하는 편이다. 가끔 유튜브 방송에 나와 달라고 요청이 있어도, 지금의 생활을 흔들어 놓고 싶지 않아서 사양하기도 한다.

글을 쓰는 일은 계속하고 있지만, 멀리 이동하지 않고도 동네나 아파트 단지 안에 있는 카페에서 할 수 있다. 이제는 주된 생활이 방송활동이나 모임을 통한 것이 아니기에, 동네에서 대부분의 생활이 다 이루어지게 된다. 운동, 산책, 장보기, 도서관 가서 책 빌리기, 모두가 집 근처 동네라는 반경 안에서 이루어지고 있다. 이제는 가끔 누가 만나자고 연락해도, 맛있는 것 사줄 테니 내가 사는 동네로 오라고 할 정도이다. 그냥 동네에서의 생활에 푹 빠진 셈이다. 수술하기 이전 시절 광화문, 상암동, 여의도, 때로는 광주나 대전 같은 지방까지 곳곳을 누비고 다니던 때를 떠올리면 격세지감의 변화라고 할 수 있다.

내게 동네가 주는 느낌은 한적함과 편안함이다. 많은 사람들이 출근해서 일하고 있는 평일의 시간대에 동네는 한산하다. 나는 붐비지 않는 그 한적함을 즐기곤 한다. 오전 시간의 카페는 다른 손님이 적어 집중해서 글을 쓰기에 더없이 좋다. 낮 시간 헬스장도 이용자가 적으니 순서를 기다리지 않고 마음껏 기구들을 사용하며 운동을 즐길 수 있다. 퇴근 시간 이후 이용자들이 몰려 트레드밀 순서를 기다리면서 운동하는 상황은 내 것이 아니다. 아직도 몸의 컨디션을 살펴가며 지내는 상황인지라 스트레스가 쌓이지 않을 편안한 마음이 필요한데, 동네에서의 생활은 내게 그런 마음의 안식을 주곤 한다.

예전 같으면 많이 갑갑했을 것 같다. 다들 그렇듯이, 세상의 많은 사람들과 만나 악수를 나누고 명함을 주고 받음으로써 자신이 사회 속의 일원임을 확인하던 시절이 있었다. 그것이 인간에게 필요한 사회성이며, 사회 속에서 살아가는 미덕이라고 많은 사람들이 말하곤 했다. 많은 사람들 속에서, 때로는 무리 속에서 자신의 존재를 확인하는 방식일 것이다. 그러나 '나'의 존재는 타인들에 의해 인정받고 확인받는 것이 아님을 나이 들어서야 알게 되었다. 악셀 호

네트는 『인정투쟁』에서 "수치와 같은 감정 속에서 무시에 대한 경험은 바로 인정투쟁을 동기 짓는 자극제가 될 수 있다"고 말했다. 하지만 자신을 사랑하고 믿으며 살아가는 사람이라면, 타인들의 관심과 무시 사이에서 굳이 촉각을 곤두세우며 민감하게 반응하지 않는다. 굳이 인정받는데 매달려 자신의 에너지를 소모하지 않는다. 인정투쟁이란 내 삶의 자유를 속박하는 족쇄와도 같다.

병원에서 나온 이후로 나는 더 이상 명함을 만들지도 갖고 다니지도 않는다. 아니, 투병 이전에 남아있던 명함들도 거추장스러워서 다 버렸다. 처음 만난 사람에게 내가 어떤 사람인가를 알릴 필요를 더 이상 느끼지 못하기 때문이다. 간혹 그런 경우가 있으면, 그냥 말로 자기 소개를 하고 필요한 경우 문자로 전화번호를 보내주곤 한다. 그러한 내 모습은 이미 자신의 시선이 세상 쪽으로의 방향이 아니라 내 자신 쪽으로 맞추어져 있음을 의미하는 것이다. 굳이 다른 사람들로 하여금 나를 기억하도록 하려는 어떤 행위를 하고 싶지 않다. 당신이 나를 기억해줄지에 굳이 신경을 쓰지 않는다.

동네 아저씨로 살아간다는 것은 지극히 단조로운 일상의 반복이다. 나만 해도 그렇다. 아침 일찍 눈을 뜨면 자느라고 낮아졌던 혈압을 올려야 한다. 그래서 몸이 깨어나고 피가 잘 돌도록 물을 많이 마시는 일로 하루를 시작한다. 그리고는 요거트, 바나나, 현미떡, 고구마, 견과류 같은 가벼운 건강식으로 아침을 먹는다. 샤워를 하고는 아파트 단지 안에 있는 카페에 가서 원고 쓰는 일을 한다. 원고 일이 급하지 않으면 책을 읽는다. 점심 때가 되면 다시 집에 가서 점심을 먹고 잠깐 쉬었다가 다시 카페로 돌아가 일을 계속한다. 그러다가 앉아있기가 지겨워지면 헬스장에 가서 운동을 한다. 다시 일을 조금 더 하다가 남들 퇴근하는 시간 무렵에 나도 퇴근 아닌 퇴근을 한다. 하루의 일을 다 끝낸 이후에는 아내와 함께 동네 마트를 가거나 산책을 하며 걷기를 한다. 밤 시간에 여유가 될 때는 TV로 보고 싶은 영화나 공연을 본다.

특별한 사건도 극적인 일도 없는 단조롭고 루틴한 일상의 하루하루다. 뜨거운 정념도, 눈부신 화려함도, 하루하루가 다르게 꿈틀거리는 변화도 없다. 출렁이지 않고 고요하다. 동적이지 않고 정적이다. 하루하루가 이렇게 루틴하다는 것은 단조롭고 갑갑하게 느껴질 수도 있지만, 그 단조로움을 즐기는 사람에게는 더없이 평온한 삶이 될 수 있다. 프랑스 철학자 파스칼 브뤼크네르는 나이 듦에 관한 책 『아직 오지 않은 날들을 위하여』에서 "움직이지 않는다고 해서 모두 휴식 중인 것은 아니다"라는 아리스토텔레스의 말을 인용하며 루틴한 생활의 필요성에 대해 이렇게 말한다.

> "어떤 사건이 잿빛 일상에서 확 떠오르려면 백색의 시간, 별일 없이 살아가는 중립의 지속이 필요하다. 허를 찌르는 순간은 거의 항상 자잘한 소음을 배경으로 삼는다. 단조로운 일상이 없으면 전격적인 변화도 가능하지 않다. 우리 일상의 선율은 일종의 통주저음通奏低音이다. 그 통주저음을 배경 삼아 이따금 가슴 떨리는 아리아가 연주된다."

'시시한 것의 찬란함'을 강조한 그가 내린 결론은 "내 인생은 이런저런 반복들이다"라는 제노의 말이었다. 애당초 인생의 축복은 그렇게 화려한 무대 위에서 내려지는 것은 아니었다. 어쩌면 무대에서 내려와 이제는 관객 없는 삶을 살아갈 때 비로소 내게 맞는 인생의 행복이 만들어지는 것인지도 모르겠다. 나를 진정으로 행복하게 해 줄 수 있는 느낌들은 저 멀리 세상 속에 있지 않았고, 내 가장 가까운 곳에 있었다.

나를 사랑하는 삶

요즘 거울을 보면 흰 머리가 제법 눈에 띈다. 내 나이대 사람들 중 이미 백발이 된 사람도 적지 않지만, 나는 염색할 일이 없는 검은 머리를 유지해왔다. 염색한 머리냐고 누가 물었는데 아니라고 대답하면 놀라는 반응을 많이 접하곤 했다. 아마도 스트레스를 속으로 쌓아두지 않는 삶의 방식이 영향을 준 것 아닌가 생각도 든다.

그런데 이제는 새치뿐만 아니라 머리 전체에서 흰 머리가 조금씩 눈에 띈다. 이 추세대로 몇 년 지나면 나도 도리 없이 검은 머리만을 고수하기 어렵게 될 것 같다. 가족들 얘기로는 흰 머리 하나 보이지 않던 내 머리가 달라지기 시작한 것이 수술하고 나서부터였다고 한다. 그 날 이후 있었던 일들을 돌아보면 그럴 만도 하다는 생각이 들기도 한다. 수술하고 70일 뒤에야 비로소 치료들을 끝내고 재활병원으로 전원하고 나서, 세면대로 우수수 떨어지던 머리카락을 보고는 놀랐던 기억이 있다. 이러다가 머리가 다 빠지는 것 아닌가 걱정이 되었는데, 다행히도 얼마간 지나고 나니 진정이 되었다. 머리카락들도 무척 힘들었는데 쌓아두었다가 이제야 표현하는가 보다 하고 생각했었다.

앞으로 도리 없이 흰 머리는 조금씩 계속 늘어날텐데 애써 감추지 않고 그냥 놔두면서 사는 것이 좋을 것 같다. 철학자 빌헬름 슈미트는 『나이 든다는 것과 늙어간다는 것』이라는 책에서 이렇게 말했다.

"나는 나이 듦에 맞서 싸우느라 모든 힘을 낭비하는 대신, 주름살에 새겨진 삶을 자신 있게 내 앞으로 가져오고 싶다."

감추지 않고 그냥 드러내는 모습이, 나이 들어간다는 사실에 어울릴 것 같다. 나이가 들면 늘어나는 흰 머리며, 내 몸에서 일어나는 여러 가지 노화의 현상들도 모두 자신의 것이기 때문이다. 수술하고 병원에 있으면서 상상하지도 못했던 여러 후유증들은 겪었다. 시간이 지나면 회복될 수도 있겠지만, 어떤 후유증은 회복을 기대하기 어려운 경우들도 있었다. 그때 들었던 생각이, 만약 회복되지 않는 불편함이 남는다면 그것조차도 나의 것으로 껴안고 그런 놈들과 친구가 되어 살아가는 수밖에 달리 도리가 없다는 것이었다. 하필이면 왜 나한테 왜 이런 몹쓸 병이 생겨서 이런 불편함을 겪게 되었는가를 한탄하는 것은 내가 살아가는데 아무런 도움이 안 되는 일이었다. 몸에 여러 불편함이 생겼다 한들, 그것을 나의 것으로 인정하고 받아들여 껴안고 살아간다는 마음이 오히려 긍정적인 삶의 태도를 만들 수 있었던 것 같다.

자신을 사랑한다는 것은 자신의 좋은 것들만 사랑함을 의미하지 않는다. 자신의 부족하고 못난 모습, 가슴 아픈 실패, 원하지 않았던 상황들, 이런 것들까지도 겸허히 인정하고 자신의 것으로 받아들일 때 자신의 전체를 사랑하는 마음이 가능해진다.

니체의 자기 사랑(아모르 파티)이 그런 것이었다. 자신은 육체적, 정신적으로 고통스러운 삶을 살았던 니체였지만, 그 무거운 대지의 삶을 가볍게 만들라고 차라투스트라의 입을 통해 말하고 있다. 새처럼 가벼워져야 자유롭게 하늘을 날 수 있다. 그런데 중력의 정령이 사람들의 발목을 잡고 무겁게 부담을 지우고 있다. 그래서 사람들의 삶은 너무도 무겁다. 그러나 자신을 가볍게 하고 춤을 추어야 자유롭게 하늘을 날 수 있다. 가벼워지기를 바라고 새가 되기를 바라는 자는 먼저 자기 자신을 사랑해야 한다. 그래서 아모르 파티, 자신의 고통과 실패까지도 사랑하는, 자신의 삶에 대한 긍정을 니체는 주문한다.

우리의 삶이 어렵고 힘들수록 자신에 대한 사랑은 소중하다. 우리는 무엇에 실패했을 때, 혹은 어려운 상황에 처했을 때 자신의 무능력이나 처지를 낙담하며 자책하기 쉽다. 그러나 세상 속에서 겪게 되는 많은 어려움들이 꼭 내 탓만은 아니다. 세상의 일들이 내 의지대로만 되는 것도 아니다. 힘들고 어려울 때일수록 우리는 자신을 위로하고 격려할 필요가 있다. 어떤 상황에서도 내가 간직할 것은 자신에 대한 믿음이요 사랑이다. 내가 나를 사랑하지 않는데 누가 나를 사랑하겠는가.

특히 나이 들어가면서 자신의 생을 돌아보면 이런저런 회한에 젖어들게 된다. 아무래도 만족한 것보다는 아쉽고 후회되는 것들이 많은 게 우리네 인생이다. 자식들과의 관계, 노후에 대한 걱정, 외로움 등에 사로잡히다 보면 내가 잘못 산 것 아닌가 하는 생각이 들기도 한다. 사느라고 살았는데 말이다. 하지만 나를 너무 탓하지 말자. 내가 그래도 열심히 살아왔다면, 그래도 가족들을 위해 최선을 다해 애써왔다면, 그동안 수고했다며 스스로에게 격려를 보내는 떳떳한 내가 필요하다. 그런 자기 사랑의 마음이 더 좋은 삶을 위해 노력하는 자신의 마중물이 될 수 있을 것이다.

물을 끌어올리기 위해서는 마중물이 필요하다. 한 바가지 정도의 적은 양이지만, 일단 마중물을 붓고 나면 저 땅속 깊은 곳에 있는 샘물을 불러올 수 있다. 자존감이라는 것도 마찬가지이다. 그것을 지켜내기가 어려워서 그렇지, 일단 자존감을 갖고 살게 되면 자기 내면에 잠들어있는 힘을 불러낼 수 있게 된다. 자존감이라는 기초가 튼튼하게 만들어져 있는 사람은 살면서 어려움이 닥쳐도 쉽게 흔들리지 않고 자기 길을 갈 수 있다. 어려움 앞에서 힘들지 않은 사람이 어디 있겠느냐만, 자존감은 힘들더라도 세상을 견디며 앞으로 갈 수 있는 힘을 우리에게 준다.

스피노자는 대중들로부터의 평판에서 명예를 찾으려 하는 사람은 불안하게 살 수밖에 없음을 『에티카』에서 지적한다. "대중의 의견에서 명예를 찾으려는 사람은 매일매일 걱정 속에서 불안해하면서 평판을 보존하기 위해 애쓰고 그것을 지키려고 행동하며 그것을 지키려고 계획한다. 왜냐하면 대중은 변덕스럽고 한결같지 못하므로 평판이 보존되지 못할 경우 재빨리 사라지기 때문이다." 스피노자는 대중을 그다지 신뢰하지 않았다. 그들은 변덕스러운 존재이다. 그러니 그들로부터의 평판에 매달리지 말라고 했다.

자기 외부로부터의 평판에 중심을 두고 사는 사람은 자유로운 삶을 누릴 수 없다. 그보다 우선해야 할 것은 자신을 사랑하며 자기 내부에 삶의 중심을 두는 태도이다. 그때 비로소 우리는 스스로를 속박하지 않는 자유로운 삶을 구가할 수 있다. 그러니 나를 찾는 삶은 시선을 외부가 아닌 내 자신에게로 맞추는 삶이다. 내가 살고 싶은 삶은 결국 사람들이 모여있는 저 세상이 아닌 내 자신에게 달려있지 않겠는가.

에필로그

내 삶에서
진정 소중한 것

　수술을 하고 병원에 있을 때 같은 병실을 쓰던 어느 장년 환자의 얘기다. 이 양반이 바람이 나서 집을 나가 다른 여자와 살고 있었는데 큰 병에 걸린 것이다. 그런데 갖고 있던 재산도 다 날리고 간병해줄 사람조차 없는 처지가 되었다. 결국 불쌍히 여긴 부인이 병실을 지키고는 있었는데, 남편에 대한 원망과 욕을 두고두고 하고 있었다. 자기 몸 하나 가눌 수 없는 처지가 되었으니 차마 내버려 두지 못해 간병을 해주고는 있지만, 그 미운 마음을 주체하지 못함은 당연한 일이었다.
　사람의 인생이란 때로 그렇게 허망한 것이기도 하다. 힘

있고 돈도 있던 시절에는 그저 자기가 최고인줄 알고 살다가, 나중에 나이 들어 힘도 없어지고 돈도 없게 되니 병든 몸 하나 돌봐줄 사람조차 없는 신세가 되어버린 것이다. 언젠가는 그렇게 되리라고 내다볼 수 있었다면, 배우자와의 신의를 저버리고 그렇게 사는 일은 감히 하지 못했을 것이다. 결국 인생의 말년에 이르러 모든 것을 잃고 나서야 가족의 소중함을 뼈저리게 느끼게 된다. 렘브란트의 그림 〈돌아온 탕자〉의 아버지는 방탕한 생활 끝에 돌아온 아들을 두 손으로 꼬옥 품어주고 있다. 아버지는 무릎 꿇고 참회하는 아들을 품어주며 사랑하는 존재일 수밖에 없었다.

우리의 인생도 마찬가지일 것이다. 누구나 살아가면서 많은 것들을 얻거나 갖고 싶어한다. 그런데 내가 그토록 매달렸던 대부분의 것들은 세월이 흐르고 나서 보면 덧없는 것이 되고 만다. 그렇게도 중요하다고 믿었던 많은 것들은 시간 속에서 변색되거나 탈색되었다. 영원한 것은 아무것도 없었다. 결국 마지막까지 내 곁에 남은 것은 가족밖에 없다. 내 인생의 마지막은 가족과 함께 사랑하며 늙어갈 것이다. 그리고 언젠가는 가족들 속에서 죽어갈 것이다. 끝이 좋아야 행복한 것이 인생이고, 끝이 나쁘면 불행해지는 것이 인생인지도 모른다.

에필로그

지나고 나면 너무도 자명한 이치인데, 주어진 모든 것을 당연시했던 우리는 그 소중함을 모르고 살아간다. 그래서 내 삶에서 정작 무엇이 소중했던가를 너무 늦게서야 깨닫곤 한다. 어떻게 하면 내 삶 앞에서 더 좋은 사람으로 나이 들어갈 것인지, 함께 생각해 보는 독서의 시간이 되었기를 소망한다. 읽어주신 여러분께 감사드린다.

나를 찾는 시간
나이 든다는 것은 생각만큼 슬프지 않다

초판 1쇄 인쇄 2022년 7월 25일
초판 1쇄 발행 2022년 7월 30일

지 은 이 유창선
펴 낸 이 전익균, 전형주

이   사 정정오, 김영진, 김기충
기   획 백현서, 조양제
편   집 김 정
디 자 인 페이지제로
관   리 김희선, 유민정
개   발 신두인
언론홍보 (주)새빛컴즈
마 케 팅 팀메이츠

펴낸곳 새빛북스, (주)아미푸드앤미디어
전화 (02) 2203-1996, (031) 427-4399 **팩스** (050) 4328-4393
출판문의 및 원고투고 이메일 svedu@daum.net
등록번호 제215-92-61832호 **등록일자** 2010. 7. 12

값 16,000원
ISBN 979-11-91517-19-4 03190

* 도서출판 새빛은 새빛에듀넷, 새빛북스, 에이원북스, 북클래스 브랜드를 운영하고 있습니다.
* (주)아미푸드앤미디어는 북카페 아미유를 운영중에 있습니다.
* 파본은 구입처에서 교환해 드리며, 관련 법령에 따라 환불해 드립니다.
  다만, 제품 훼손 시에는 환불이 불가능합니다.